自分を変える

「身《しん》口《く》意《い》」の法則

日本古来から伝わる秘密の願望実現メソッド

種市勝覺
空海密教阿闍梨

フォレスト出版

はじめに

――「身口意」の法則とは

私は密教の行者であり風水師として活動し、セミナーや個人カウンセリングなどをしています。

密教といえば、多くの人が弘法大師《こうぼうだいし》・空海《くうかい》を思い浮かべるかと思います。

約1200年以上前に一介の僧侶だった空海が唐からその考えを持ち帰り、流布したことで知られています。

そもそも密教とは何か？

一言で言えば、**仏教の中でも言葉では伝えられない秘密の教え**のこと。

その中で最も重要なもののひとつが、本書の書名でもある、**「身口意《しんくい》」の法則**です。

「身口意」をわかりやすく言えば、

「身」……やっていること（行動）
「口」……言っていること（言葉・思考）
「意」……思っていること（心・意識・フォーカス）

です。

身口意の３つが揃っていれば、自分がやろうとしたことが成し遂げられる。逆に、身口意がバラバラになっていれば失敗するというシンプルな法則です。

このあと詳しく書いていきますが、**人生がうまくいかないのは、身口意がバラバラであるためにうまくいかない**のです。

・自分を変えたいと言いながら（口）、心の中で変化を怖がり（意）、新しい行動をしようとしない（身）
・痩せたいと言いながら（口）、心の中でダイエットは辛いと思い（意）、好きなものを食べて運動もほとんどしない（身）

つまり、**やっていること、口にしていること、思っていることがバラバラ**なのです。

逆に身口意が一致していればどうでしょうか。

- **新しい理想の自分が言う言葉を口にし（口）、心の中で新しい理想の自分をイメージできていて（意）、新しい理想の自分がやるべき行動を続けている（身）**
- **痩せることを公言し（口）、心の中で本氣で痩せたいと思いながらダイエット後の自分の姿をイメージし（意）、食事の見直しや運動を重ねている（身）**

身口意を一致させることができるだけで、心で望んだこと、頭で考えたことが自然と実現するのです。

空海が教えてくれた身口意の秘密

密教の中心的な修行に「三密修行《さんみつ》」というものがありますが、この三密というのがまさに身口意のことです。

人間の選択や決断は、身口意でシンプルに分けることができます。ただし、密教以外の仏教では身口意を煩悩《ぼんのう》の源泉と考え、「三業《さんごう》」と呼び、ネガティブなものとして捉えていました。たとえば、

身業……楽をしたい、異性と交わりたいといった身体的な快楽など
口業……嘘をつく、悪口を言う、自慢話や噂話を吹聴するなど
意業……ズルをしようとする心など

しかし、密教では、これら煩悩の源泉を受け入れ、行を重ねることで、「三業」を「三密」（身密、口密、意密）に変え、仏の加護を得て仏になれると説いたのです。

もっとわかりやすく言えば、**身口意をひとつにすればあらゆる「こうなりたい」「これがほしい」といった願いは成就する**、ということなのです。

あなたの現実は、すべて「身口意」によって形づくられる

身口意を一致させるとなぜ、願いが成就するのか？

それは、

今の現実は、あなたが重ねてきた「身口意」の通りになっている

からです。

あなたの身口意は、実は多くが自分で意識的に選んだものではありません。自分で心に思い、言葉を話し、行動しているにもかかわらず、その身口意の選択はほとんどが無意識に動かされています。

実は、無意識の習慣が、今のあなたの現実をつくっているのです。

この無意識の習慣になっている「現在の身口意」を捉え、「新しい身口意」を意識的につくっていくことで、あなた自身の心と思考・言葉、行動は変化していきます。

それが新しい無意識の習慣になれば、それが新しい自分と現実をつくることになり

ます。

本書では、**自分の無意識を捉え、新しい身口意のつくり方**をご紹介していきます。

空海が伝えてくれた秘密の教えを手にすることで、自分を変えることはもちろん、人生の流れもいいものに変えることができるようになります。

本書があなたの人生の可能性を開花させるヒントになれば、著者としてこれほど嬉しいことはありません。

種市勝覺《しょうがく》

序章

密教とは何か？

第1章

無意識を捉える

意

第2章

心・意識を整える

第3章

言葉・思考を整える

身

第4章

行動を整える

第5章 人間関係を整える

終章

人生の流れを変える影響力

ブックデザイン／小口翔平＋喜來詩織（ｔｏｂｕｆｕｎｅ）
イラスト／大和田悦子
ＤＴＰ／野中賢（システムタンク）
プロデュース・編集協力／鹿野哲平

Prologue

密

序章

密教とは何か？

無意識の習慣を変える「身《しん》口《く》意《い》一致」の技術

――身口意が整うと、無意識が味方になる

改めて身口意についてお伝えしていきます。

密教の中心的教義に**「身口意の一致で宝の蔵は開かれる」**というものがあります。

密教行者は、三密修行と呼ばれる修行を行い、これは人の愚かさの身口意である三業を、仏の知恵の身口意である三密に変えるために行うもので、自身の無意識を味方にする技術です。

- **身……やっていること**（行動）
- **口……言っていること**（言葉・思考）
- **意……思っていること**（心・意識・フォーカス）

空海はこの3つを一致させることで、あらゆる願いは成就すると言っています。
何かの思いや願いが叶わないということは、身口意が一致していないのです。

口では成功してお金持ちになりたいと言いながら（口）、心の中では諦め（意）、ギャンブルで散財している（身）。

口ではダイエットすると言いながら（口）、ダイエットは辛くて嫌だと思い（意）、食べてしまっている（身）。

口では幸せになりたいと言いながら（口）、心の奥では「自分は幸せになれない」と思い（意）、そのための行動をしない（身）。

このように、物事がうまくいかない原因は、やっていること、言っていること、思っていることがてんでバラバラなのです。

密教の行者は、

手に印を結び（身）
口にマントラを唱え（口）
心に仏を描く（意）

という3つを同時に行うことで、身口意を一致させることを日々意識しています。これを三密修行といいます。

ここまで読んで、「それじゃあ私も、身口意を一致させなきゃ」と思うかもしれませんが、そう簡単ではありません。頭でわかってできるのであれば、日々の三密修行やその他の苦行など必要なくなってしまいます。

なぜ、身口意は一致させるのが難しいのか？

それは、身も口も意も、無意識に動かされているからです。

意識的にやっている行動は微々たるもので、ほとんどが無意識の習慣になっています（口癖や行動パターンなど）。

繰り返し反復した思考や言葉、行動は無意識のプログラムによるものなので、思い

身《しん》口《く》意《い》の法則とは？

身口意とは、やっていること（身）、言っていること（口）、思っていること（意）。身口意を一致させるとあらゆる願いが叶う

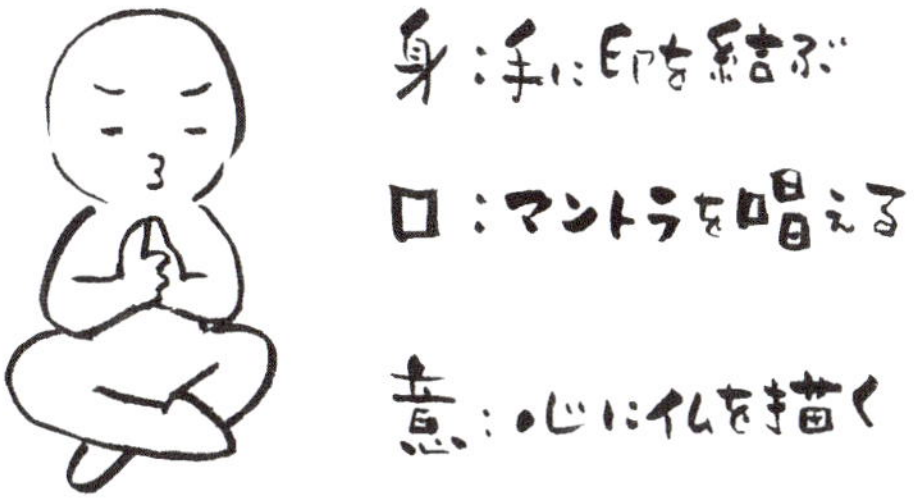

ダイエットを例にすると

身口意がバラバラ → うまくいかない

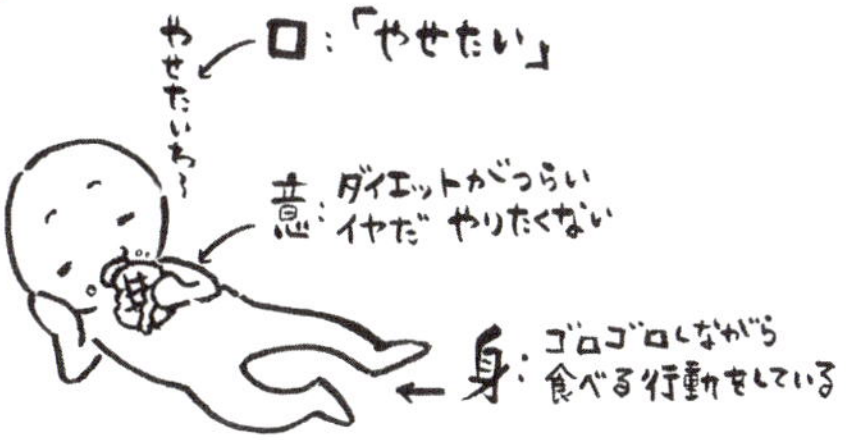

身口意一致 → うまくいく

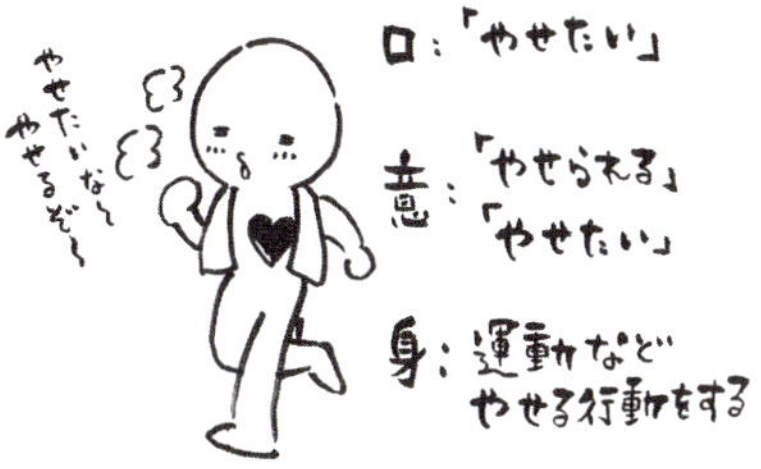

通りにコントロールすることは容易ではありません。

この無意識に現れる身口意を意識的に一致させるために、行者は厳しい修行をしているといっても過言ではないのです。

まずは自分の身口意の癖を捉える

自分の身口意を整えるためには、まずは自分の無意識を捉える必要があります。**自分が普段、何を思い、何を口にし、どのような行動をしているかを、正しく捉え見ていくことが重要です。**

常日頃できる身口意を捉える方法は、**日々自分の身口意を記録していくこと**です。

たとえば、一日の終わりに振り返りの時間を取り、時系列もしくはインパクトのあった順番に、今日何を思ったのか、どんな行動をしていたのかを記録してみてください。

身→意（やったこと→それはなぜやろうと思ったのか）
口→意（口にしたこと・話したこと→そのとき何を思っていたのか、感情はどうだったか）

意→身（感情やフォーカスしていたこと→そこでどんな行動をしたのか）

これらを記録してみましょう。可能であれば、その都度、小さなことでもいいので書き出してみてください。

繰り返し行っているものが自分の特徴として捉えやすく、頻度の多いものほど、無意識の習慣になっているものです。まずはそれを把握しましょう。

ゴルフで身口意が見えてくる

もうひとつオススメなのが、何か心身を一致させる必要があるスポーツなどに取り組んでみることです。武道や舞踊などでもいいかもしれません。あまり激しいものではなく、ある程度の繊細さが要求されるもののほうが、身口意の動かし方をわかりやすく体感できるでしょう。

僕はコンサルティングの一環として、セミナー受講生の方々とゴルフをしたりします。その理由は、ゴルフをやっていると、本人の身口意がよく現れるからです。

得たい結果、ボールを落とそうと狙っている地点が「意」

しようとしているスウィングが「口」

実際に行ったスウィングが「身」


身口意の「口」は、言葉にしていることだけではなく、自分の思考も含まれます。

ですから、自分が「しようとしているスウィング（口）」と、実際に「やっているスウィング（身）」のギャップは見事に結果に現れます。

そもそもしようとしているスイングが間違っている場合もあれば、しようとしたことがうまく身体に伝わっていない場合もあります。


無意識はスウィング以外でも、コースを回っている間にもよく現れます。

誰も急がせてないのに一人で勝手に焦ってしまう人や、何もしていなくても「ごめんなさい、ごめんなさい」や「すみません」が口癖になっている人もいます。

このように、わかりやすく無意識のパターンが現れるのです。


繰り返しや、同じ言葉の頻度が多いということは、無意識下に深く根づいていると

身口意はゴルフでよくわかる

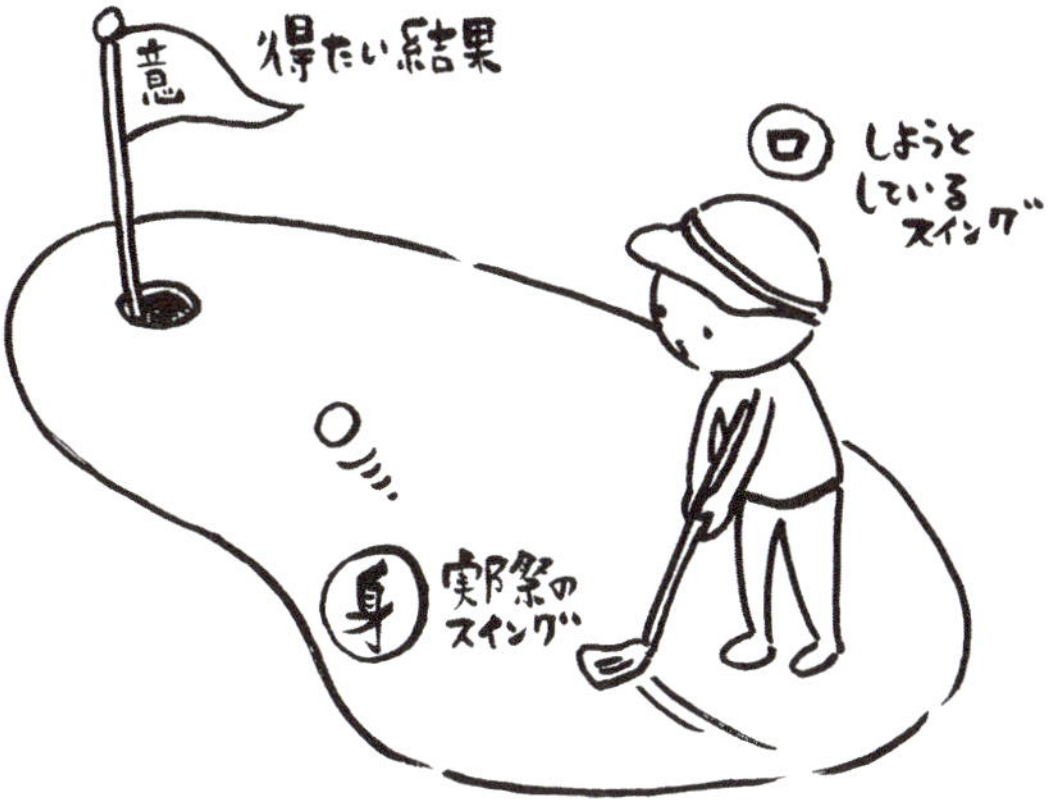

いうことがよくわかります。

そこで僕が「氣づいていますか？　今この間に3回謝りましたよ」とお伝えすると、「ハッ」とした顔をして驚かれます。

そうやってゴルフをすることでも、日常に隠れている自分の無意識の癖を捉えていくことができます。

体を動かすことが苦手な方は、先にご紹介した自分で記録していく方法や、家族や友達に「私がいつもやっていることや言っている癖ってどんなのがあるかなぁ？」と聞いてみるのもいいでしょう。

まずは自分の身口意がどうなっているか、意識し、捉えようとしてみてください。

流れを変えるただひとつの方程式

――無意識のシステムは反復でできている

僕はいつも**「密教は無意識を味方にする技術」**と言っています。

無意識というシステムはどんな人も持っていて、ほしいもの、ほしくないものをほぼ自動的に手に入れます。

どういうことかというと、無意識とは、意識の外で行っている情報の出入力や意思決定・反応のこと。無意識は行動、思考、心のフォーカスの判断・選択を毎瞬何度も繰り返し行っているのです。

無意識にネガティブな口癖を言っていれば、ネガティブな情報を反復し、自分に入力していることになります。それが心や行動にも影響を与えていきます。

無意識の行動や心の持ちようも、同じように自動的に動かされています。

つまり、無意識をいい状態にすれば、自分が望むもの、なりたいものを自動的に手に入れることができるのです。

人は意識的に自分を長時間コントロールできません。

無意識であれば、自動的に自分を動かしていくことができます。つまり、自分を変えるためには一番効率のいい方法なのです。

無意識を味方にすると、なんでも手に入る一方で、逆に無意識を敵に回すと、延々と望んでいないものが近づいてきます。

もし流れを変えたくば、無意識を自分がリプログラミングせよということです。

一度リプログラミングに成功すると、それが自動反復されるので、楽に現状を変えることができます。

先にもお伝えした通り、無意識は身口意に現れます。日常においての思っていること、言葉にしていること、行動していることは無意識の選択がほとんど。

つまり、その無意識の習慣や選択を変えることができれば、自然と思うことも、口にする言葉も、行動も変わり、自分自身の現実が変わっていくのです。

ただ新しい無意識のプログラムをつくるには、必ず何らかの反復が必要になります。

無意識のプログラム

やること
言うこと ＞ 身口意
思うこと

「意識」ではなく「無意識」の習慣が今の身口意

無意識が身口意の選択を決めている

流れを変えるには5つのステップを踏む

すでに動いている無意識のプログラムを変えるには、「身口意の法則」だけでなく、「慣性の法則」も理解する必要があります。

すごいスピードで走っている車を急に逆方向に走らせることができないように、何であれエネルギーの方向性というものは、急には変わりません。

物事には流れがあり、すでにある無意識が反復されて、今のあなたがあるのです。「慣性の法則」に従い、次の5つのステップを使って無意識を変えていきましょう。

1　現状を捉える

2　今ある無意識の反復をゆるめる

3　止める

4　方向を変えて動き出す

5　加速させる

もしあなたが貧窮《ひんきゅう》しているなら、まず、収支の状況や散財しているなど、現状を捉え認める。そして、支出のスピードをゆるめ、止めて、散在の習慣を終わらせる。異なる方向へ動き出して、そして手にするお金や貯蓄を増やそうとし、それを加速させる。このようなステップが必要なのです。

これがあらゆる物事の変化のさせ方です。

ある日突然、奇跡が起こって人生が逆転する、そんなことはまずあり得ません。

なぜなら、**あらゆることは自分自身の「身口意」によって動いているから**。あなたのこれまで重ねてきた習慣が今をつくっているのです。

突然宝くじに当たることがあったとしても、もし身口意が変わっていなければ、時が経つにつれ、また元に戻ってしまいます。

それは無意識が反復され、元に戻るようにプログラムしているからです。

欲求、煩悩を否定しない

――あるものを活用するのが密教

空海は仏教を2つに分けて捉えました。それが密教と顕教《けんきょう》です。

密教とそれ以外のものとして分け、密教の優位性を説きました。本書は密教の解説書ではないので詳細は省きますが、密教では**徹底した実践**と**現世利益**を説いています。

簡単にいうと、煩悩や、欲求を否定することなく活用する道。

つまり、豊かになりたい、認められたい、モテたいといった通常では否定されるような欲を受け入れ、否定しなかったのが空海であり、密教の考え方です。

顕教では、こういった煩悩や欲が苦しみになると否定します。

しかし、**密教では、煩悩や欲を否定せず受け入れようとする**のです。

「車がほしい、時計がほしい、家がほしい」

「異性から愛されたい、より深く関わりたい」

「もっと認められたい、すごいと思われたい」

全部自然な流れなのでOK、というのが密教です。

「欲は満ちることによって落ちる」もの。

つまり、欲は消そうとするのではなく、満たすこと、得ることによって理解し、終わらせることができるのです。欲を消そうとすることによっては終わりません。なぜなら、無欲になりたいという欲が残るからです。

「欲を消したいという欲が最後にある、それはどうなるんだ。欲を完全に消すことなど不可能では？」と密教では考えるわけです。


「煩悩の数だけ悟りがある」というのも密教ならではの考え方です。

密教では、煩悩と悟りは表と裏で1つと考えます。まるで1本の棒のようなもので、2つで1つの矛盾を内在しています。

煩悩とは愚かさのこと。悟りとは氣づきのこと。

つまり愚かさの数だけ、必要な氣づきがあるということです。愚かさとはまさに、小さな悟りの種なのです。

密教は現実主義

密教というと、呪術《じゅじゅつ》やご祈祷《きとう》といった超能力的なイメージがあるかもしれませんが、何でもかんでもマントラを唱え、お祈りをするだけではないのです。

四国八十八箇所（お遍路）巡《めぐ》りを考えたのも空海です。一般的には修行や信仰を目的として巡礼《じゅんれい》するものと考えられていますが、現地の経済が潤《うるお》うための仕組みであり、ビジネスモデルとしての側面もあります。関わる人みんなが喜びながら、お金も巡っていきます。

現実主義である密教は、次のように考えます。

「貧を救うには、財をもってす」

貧しさを救うなら、お金を与えよ。

「肢体不調には、医薬をもってす」
体調が悪ければ、薬を与えよ。

「愚迷《ぐめい》を導くには、法をもってす」
愚かさを抱えている人には、説法を与えよ。

「業病《ごうびょう》奇病《きびょう》には、真言陀羅尼《しんごんだらに》をもってす」
前世の報いでかかる難病が出てきたら、マントラでのご祈祷を与えよ。

わかりやすくいえば、貧しさにはお金を。病には薬を。愚か者には説法を。それでもダメな場合にはマントラを唱え、ご祈祷をせよ。という具合に、密教は単に信仰ばかりではなく、ものすごくリアリスティックな解決方法を示し、現実主義の考え方なのです。

「知る」を「やる」に変えると、人生が変わる

――密教は体験学習

密教は「アタマ」だけでなく「カラダ全体」で学ぼうとする体験学習を重んじる特徴があります。

顕教が経典の研究や文字や言葉から仏の道を理解しようとしたのに対し、密教は自らの修行体験によって仏になろうとするものです。

最澄《さいちょう》は、「仏の教えを文字や言葉を通して学んでいくことで、人はいずれ悟りにたどり着く」と考えました。

でも、空海は次のように最澄に尋ねたといわれています。

「この曼荼羅《まんだら》の美しさを実際に見たことのない人に、文字や言葉で伝えられますか？」

そして「本当に伝えたいことは、文字や言葉では伝えることはできない」と伝えたと言われています。

確かに文字や言葉は、同じ情報を広く間違いなく伝えることができる利点があります。それに比べて体験は広く一度に伝えることは難しい。しかし、物事の本質は体験からしか学べないのです。

多くの人は「知ること」が学びだと思っています。学校の勉強、資格試験の勉強、密教や仏教について知識を得ること。

しかし、**それは学びの入り口であって、学びそのものではない**ということです。知ることが学びではなく、実践が学びなのです。

知ったことを「確かめてみる」こと。
知ったことを「使ってみる」こと。
知ったことを「やってみる」こと。

これが大切なのです。

「知っている」と「やっている」では天と地ほどの差がある

「知る」と「やる」は違うのです。

密教では修行に象徴される体験そのものに価値を置きます。手に印《いん》を結び、口にマントラを唱え、護摩《ごま》を焚き、滝行を行う……など、様々な行《ぎょう》を行うことで、百人いれば百通りの氣づきを得ます。

こういった体験は代わりにやってあげることができません。このように自ら実践し、体験したことで得られる氣づきを集め、変化していくことこそが真の学び方なのです。

たとえば、密教には礼拝加行《らいはいけぎょう》というものがあります。いろいろな作法を行う前に、１０８回、ご本尊に五体投地《ごたいとうち》（最も丁寧に頭を下げる礼拝）を行います。

これを「知っている人」「やろうと思っている人」と、実際に「やっている人」「やった人」とでは、天と地の差があるわけです。

これは人生においても大事な考え方です。

異性との円満を手にしたことがないのに、見聞きした情報に基づき語られても、

「いやいや、あなたこそわかっていないじゃないですか」

となりますよね。

こういう例だとわかるのに、勉強や仕事、人生のこととなると、わからなくなる人が多くいるのです。

現状が何も変わらないというのは、必要な実践を重ねていないからなのです。

学びは実践、実行してはじめて氣づきを得て、自分のものとなるのです。本を含め、セミナーや勉強会で学んだことは、著者や講師のものであり、あなたのものではありません。座学のみではどれだけ知り、学んでも結局自分のものにはできないのです。

とにかく、学びを行動に移すこと

自分自身の現状を変えたければ、何であれ「まず、やってみる」ということです。

やれば、その体験データがひとつ手に入ります。体験データを数多く集め、分析し工夫を重ねる中で、何らかの氣づきが起こるのです。

深い氣づきは自らの体験から起こります。本を読んだりして「知る」ことでも「氣づきがあった」と言うことがありますが、実際は新しい知識を知っただけで、まだ自分のものではありません。

よくある話で、お金持ちになりたいと言って、お金持ちになるセミナーに行く。しかし、**お金持ちになるセミナーに行ってもお金は増えません。学びを実践し現状を変えない限り、むしろノウハウを知ることと引き換えに「お金は減る」のです。**

自己啓発セミナーに行ったけど、人生が変わりません。

そりゃそうです。知ったことを実践し何らかの結果を手にし、そこから氣づきを得て行動が変わり、はじめて人生が変わっていくのですから。

やってみてはじめて本当の学びが始まり、やがて「氣づき＝悟り」になるわけです。

ですから、座学は学びの一部であって、学びそのものではない、と考えることから始めましょう。

「体験から学ぶ」というのが密教スタイルなのです。

測定から学べ

――結果こそが師である

先ほども述べた通り、密教は体験主義であり、実践主義です。もう少し噛み砕いて言うと、自分自身が体験した出来事から学び、氣づきを得ること。僕のワークショップでは必ず振り返りのワークからスタートします。

・一言で言うとどんな一カ月でしたか？
・なぜ、その言葉で表現されるのでしょうか？
・この一カ月であなたが実現・達成・着手・継続できた価値あることとは？
・逆に実現・達成・着手・継続へと至らなかった大切なことは？
・そこにはどんな思い込み・決めつけ・恐れ・価値基準があるのでしょうか？

などを振り返ってもらいます。

これをする理由は、**自身が体験した出来事を整理し、そこから学ぶのが一番の学び**だからです。

体験したことを言語化し、結果とそれにいたる経過をはっきりと自覚する。

つまり、出来事・その結果が師となるのです。

体験から学ぶということは意識していないとできません。

年始の初詣で今年一年の目標を立ててはみたものの、年の途中で振り返る人はあまり多くいません。

「今年こそは、英語の勉強を習慣にしよう」

「今年こそはダイエットするぞ」

などと決心しても、12月頃になると、「ああそういえば、今年のはじめに考えていたような……」となるくらい。思い出せていればまだいいほうで、何を目標にしていたかさえ思い出せない、という人も少なくないでしょう。

このように人は忘れてしまうのです。

エビングハウスの忘却曲線によれば、

・20分後には42％
・1時間後には56％
・1日後には74％

の記憶が失われるといわれています。1年前のことを覚えていないのは無理もありません。

しかしながら、もしあなたが反復して振り返り、目標を意識する習慣を持っていたとしたらどうでしょう。

同じミスを繰り返すことも少なくなり、身分を律する力もついてくるでしょう。

意識することで、行動が変わり、もちろん結果も変わっていくのです。

体験からの学びはあなただけの宝になる

また、よく本やセミナーで何かを学び、新しい知識やノウハウを得たにもかかわらず、「自分のモノにならない」という状況が起こります。

学びが自分のモノにならないのは、一言で言えば、「自分ごとでない」からです。

自分の体験から得た知識やノウハウは、自分のものになります。しかし、自分に基づいていない「他人の出来事に基づいている」ものは、学んだだけでは、自分のものにならないのです。

自分の体験でないから、自分の言葉で語れないし、何も変わらない。本に書いてあったことや、セミナーで講師が話していたことを、記憶をたどってそのまま口に出すだけでは、説得力はなく、人を感動させたり、動かしたりする影響力を持つことができないのです。

大事なのは「やること」。そして、自分自身の「出来事・結果」を師とし、そこから学びを得ること。「こうしよう」と思い、やってみて、「実際に手にした結果」と自分が見込みを立てていたことのギャップから氣づきを得ることです。

そうすることで、その結果から教えてもらうことができます。

自分自身にふりかかった出来事と、それに対して何らかの実践を行った結果が最高の教えなのです。

大事なのは測定すること

多くのうまくいかない人は、一度やっただけで、「こんなはずじゃなかった」という感想で物事を終えてしまいがちです。なぜうまくいかなかったのかを振り返ることをしません。

大事なのは、現れた結果を測定し、分析して、やり方を変えてもう一度やってみること。そうするとまた何かしらの結果が現れますね。そこから何度も工夫を施すことで結果は変わっていくのです。

注意したいのは、自分がやってみた結果ではなくて、結果になる前の妄想や想念みたいなものに囚われてしまうことです。「やろう」としたこと、「これをやればうまくいくはず」と思い込んだものを正解だと思いこむと、当然うまくいかなくなります。

人から嫌われるのなら、どの言葉をいつも使っているのか、どのように接しているのかを捉え、測定し、分析し、変えること。

どういった身口意の繰り返しが今の状況をつくっているのかを分析し、違う行動パターンに変える。

もし太っているという結果があるのなら、何を食べているのか、いつ食べているのか、食べている回数が多いのか普通なのか、運動をしているのかなどを捉えていくこと。

一見当たり前のことのようで、自分のこととなると「わかったつもり」になり、こまめに測定するということを怠ってしまいがちです。

そうなる理由は、人は自分自身のことを正しく見ていない、もしくは見たくないからなのです。

Chapter-1

無

第1章

無意識を捉える

人は2度生まれる

――それまでは「他人の人生」を生きている

密教には、「人は2度生まれる」という考え方があります。

1度目は母から。
2度目は自分からです。

自分から自分が生まれる。つまり、自分を生きると決める。それまでは父や母、他人があなただと思っていたり、周りから期待されているあなたのことを「あなた自身（自分自身）」と信じているのかもしれませんが、密教的に言えばそれは「あなた」ではありません。

「自ら世界をつくり、生きる」というのが密教。

要するにそれまでは、**みんな他人を生きている**のです。自分の人生を自分で思い、考え、行動していると思っているけれど、実はほとんどの人が他人を生きている。

偽りの自分を生き、**自分が「自分に騙《だま》されている」**状態なのです。

顕教は自分の考えよりも、周りとの同調や崇高なルールが優先され、自分以外の誰かの正しさに従って生きることを重んじますが、密教は**「自分自身に従え」**と考えます。

でも「自分」がわからなければ、自分を生きることができない。だから、自分自身を捉えられるようになることが重要なのです。

そして、この世の矛盾や、他人によってつくられている世界観、無意識のカラクリなどを知り、自分を生きる、ということです。

たとえば、仮想現実の世界を描いた『マトリックス』という映画がありますが、あの映画のように、人は自分が囚われていること、思い込みが偽りであったとしても、それが当たり前になっていると氣づくことはできません。

世界と世界観はどっちが広いか？

僕はワークショップでよくこの質問をします。あなたも考えてみてください。

「『世界そのもの』と『世界観』とでは、どちらが広いかわかりますか？」

＊

答えは、「世界そのもの」です。

世界そのものは無限なわけです。それをどうくくっているのかが「世界観」です。

みな、「自分の見ている世界観」を「世界そのもの」だと思い込んで生きています。

厄介なのは、くくっていることにすら氣がつかないのが世界観であるということです。

そのくくり方は人それぞれ違います。今生きている人生、自分、社会の現実、人間関係、世の中の流れ……などは、自分がつくり上げ、くくっている世界観にすぎない、ということです。

人は思い込みの中でしか生きられません。

自分が思い描いている世界というのは、自己洗脳したものか、他者洗脳されたものか、その組み合わせでしかなく、みなつくられた世界にいるのです。

でも、「世界そのものは別にある」ということを認知することで変わります。

世界観の外側に別の無限の世界が広がっているという観念を持っていれば、もっと世界観を広げることができます。自分の世界観とはまったく別の形で、他者一人ひとりの世界観が存在しているのです。

これを**「世界への理解」**とすると、**この理解はゴールではなく、スタートです。**

世界を自分でくくり、他者は異なる形で世界をくくっていますが、同じ世界（空間）を生きています。

そういった中で、主体的にハンドルを握っている人生がいいか、それともずっと誰かに「どっちに行ったらいいでしょうか」と聞いている人生がいいのか。

もちろん選択は自由です。

自分の人生を自ら切り開きたいと思うのであれば、自分のエゴや欲望と向き合い、それを成し遂げるための身口意を自身に落とし込んでいきましょう。

エゴ、欲望は好奇心の向きを示す心のコンパス

エゴや欲望というのは「あなたの好奇心の向きを示す心のコンパス」です。

多くの人は、自分のエゴや欲望を否定していますが、人間とは欲をエネルギーとして生きるものであり、欲望の否定は生命活動そのものの否定にもなります。

食欲、性欲、集団欲、睡眠欲、安心を求める、意欲的に取り組むなど、人間は欲望という生命エネルギーしかないわけです。日々、大なり小なりの欲望を手がかりに、自らの関心や心ひかれることを行っているにすぎません。

自分のやりたいことを試しもしないで、「周りから望まれている自分」を「自分」だと思い込み、そのセルフイメージをまとって生きてしまいがちですが、それでは

「お前は誰やねん」「誰の人生を生きとんねん」

という話になります（笑）。

結局、自分がブラックボックスになっているのです。みな、自分のことがよくわからないし、見ていないのです。

ですから、自分の関心事は何であれ「やってみること」。法に触れることは除きます（笑）。やることによって、自分が見えてきます。興味があるのなら、1回や2回ではなくて、とことん探求して、やってみる。そこから、ものになるかならないかを丁寧に時間をかけて判断していく。

「これは向いてないんだな」「これは向いているかもしれない」「私はこれが好きなんだな」ということがわかってくる。それではじめて、自分を発見していけるようになるのです。

この自分を理解していくプロセスは、遠まわりに感じることがあったとしても、実際には一切の無駄はないのです。

六大煩悩との向き合い方

——あるものをなくすのではなく、あるままにする

仏教には、六大煩悩という考え方があります。
「貪《とん》・瞋《じん》・痴《ち》・慢《まん》・疑《ぎ》・悪見《あっけん》」です。

貪とは欲張ること。
瞋とは怒ること。
痴とは無知。
慢とは慢心。
疑とは疑うこと。
悪見とは悪く見ること。

この六大煩悩は、みな生まれながらに備わっています。仏教ではこの煩悩こそが、人を苦しめる心だと教えています。

中でも、代表格ともいえるのが「貪」、つまり不安感からのむさぼりです。

- **愛が足りない**
- **承認が足りない**
- **お金が足りない**

「不安だから、もっともっと……」という心模様が自分を苦しめる源になっています。だからこそ、顕教では、「煩悩をなくせ、押さえつけて我慢せよ、やがて消え去るはず」という考え方をします。

しかし先にも述べた通り、密教はまったく逆で、**「煩悩はなくならない、欲は賢く満たせ」**と考えます。

煩悩をなくすのは無理なことであり、煩悩はあっても大丈夫という状態にすればいい、というのが密教の考え方です。欲があってもいい、モテたいと望んでもいい、と自分にあるものを正直に認めていくのです。

「昨日ラーメンを食べたけれど、今日もまた食べたい」

「知り合いがお金持ちになったから、私もお金持ちになりたい」

みたいなこともすべてOKなのです。

欲をないものとするのではなく、あると認める。それだけで息苦しさからはしばし解放されます。**欲のある自分こそが、本来の人間のあるべき姿であり、すべての人間に備わっている仕組み**なのです。

「貪（欲張る）」のであれば、「満ちる」ことを哲学しない限り、欲張らないことはできません。

満足とは得ることのみによって起こるものではなく、得たものを分かち合い与えることによって起こる状態のこと。これを体験的に知っていることで、欲張りな心が自身にあっても平氣になっていくのです。

貪（欲張る）には、満足を持つ。
瞋（怒り）には、許しを持つ。
痴（無知）には、学ぶ姿勢を持つ。
慢（慢心）には、謙虚さを持つ。
疑（疑う）には、信じる心を持つ。
悪見（悪く見る）には、よく物事を見る視点を持つ。

こういう対処をしていきます。

愚かさを認め、屈しなければいい

僕たちがもともと持っている煩悩、つまり愚かさを否定するのではなく、あっても愚かさに屈しないこと、振り回されないようになること。

このアプローチが密教です。

何かを否定しよう、なかったことにしようと、してもあるのだからそれを受け入れる。あるものは不都合であっても基本的にすべて正しい、という考えなのです。

人を憎んでしまう思い、怒りも全部「あることがよくない」ということではなく、「あっても大丈夫な自分をつくる」ことが密教の修行になります。


仏教では、愚かさのことを「無明《むみょう》」と言い、悟りのことを「光明《こうみょう》」と言います。

無明を光明に変えていくという学び方は、密教の様々な修行の中にあります。とはいえ、なかなか本格的な行《ぎょう》の世界へというのは誰でも簡単にというわけにはいきませんね。そこで、日常を修行的アプローチで見ていきます。

密教にも「山の行《ぎょう》」と「里の行《ぎょう》」というものがあり、「山の行」は道場や自然の中で行うもので、そこでの氣づきを日常生活で衆生《しゅじょう》（生きとし生けるもの）に対して活かそうとするのが「里の行」となり、後者のほうが重要となります。

修行まで行わないにしても、ここまでお伝えしてきた捉え方の実践をすることで、現実は変わっていきます。


人生は我慢大会ではなく、「自分らしさ」というアートを表現し合う美術展覧会のようなもの。忍耐力ばかりを鍛えても、忍耐力は枯渇します。耐えられるにも限界がある。それが人間なのです。

「あるもの」を「ない」とするのは難しいだけでなく、苦しみを生み出します。

そうではなくて、愚かさを所有しているこの私を「愚かである」と受け入れた上で、そんな愚かな自分でも大丈夫なように意識すればいいのです。

ですから自分の煩悩は否定しないでください。

豊かになりたい、モテたい、認められたい……大いに結構です。そのままの自分でうまくいくようにするために、本書を読み進めてみてください。

手元にノートがあれば、自分のやりたいこと、手に入れたいもの、それらを書き出し「ＯＫ！」と書いてみるのもいいでしょう。

人の行動は怯えに基づいている

――殺氣と生氣のメカニズム

人の心のカラクリを見ていきましょう。
人は基本的に2つのことで動かされています。

・痛みを避ける
・快楽を得る

基本的にこの2つなのですが、現実には、主に恐怖による怯えに基づいている割合が多くあります。

「人にバカにされるんじゃないだろうか（バカにされたくない）」

「お金がなくなって死んでしまうんじゃないだろうか（貧乏になりたくない）」

「人から嫌われるんじゃないだろうか（嫌われたくない）」


こういった恐怖やそれに対する怯えによって、行動しようと考えるものです。

「この状態のままでは、貧乏になってしまいますよ」

「何もしないでいると、病氣になってしまいますよ」

という脅しによって動くのも同じです。


風水では、こういった怯えに基づくエネルギーのことを「殺氣《さっき》」と呼びます。

殺氣は、恐怖や怯えだけでなく、争い、奪い合いのエネルギーの総称だと考えていただければいいでしょう。

殺氣と相対するエネルギーを**「生氣《せいき》」**といいます。


「幸せを感じたい」

「喜びたい・喜ばせたい」

といった**喜び、幸福、快楽に基づく分かち合いのエネルギーの総称が「生氣」**です。

どちらがいい、どちらが悪いといったものではありません。あらゆる物事にある目には見えないのですが、そこにあるエネルギーです。

殺氣と生氣の使い方

それぞれ特徴とメリット、デメリットがあります。

- **殺氣は短期的なエネルギーであること。即効性はあるが、長く続かない。**
- **生氣は中長期的なエネルギーであること。効果が現れるのは遅いが、長く続く。**

自分が自分を動かすときには、「ほしい(生氣)」という回路を使うのか、もしくは恐怖や脅しのさらなる痛みから「逃げたい(殺氣)」という回路を使うのかの選択があります。

両方バランスよく使うのがいいのですが、多くの場合、殺氣が使われます。

殺氣と生氣

殺氣の特徴

・恐怖
・怒り
・攻撃
・脅し
・奪い合い

人を動かすとき、短期的なエネルギーで即効性はあるが、長く続かない
「～しろ」「～しなさい」「～しなきゃ」

生氣の特徴

・喜び
・幸福
・快楽
・分かち合い

人を動かすとき、中長期的なエネルギーで即効性はないが、長く続く
「～したい」
「だったらいいなぁ」

わかりやすくいえば「〜なければいけない」といった状態で動いているのは殺氣による力です。

「この仕事をやらなきゃ怒られる」

「このプロジェクトを失敗したらクビになる」

「このままの自分だと人から嫌われる」

短期的に見れば、殺氣は自分をすぐに動かすことができるので、急ぎの仕事や目の前の問題を解決するには、便利なエネルギーです。なので、使うこと自体に問題はありません。

しかし、**自分の人生を生きるといった中長期的な目で見るのであれば、殺氣を減らし、生氣を増やし、生氣で自他を動かすことを意識すること**です。

たとえば、やりたくない仕事を続けているなら、本当にやりたいことを見つける。やりたい仕事が難しいのであれば、副業でも趣味でもいいから、自分の好きなことをとことんやってみるのもいいでしょう。

自分を動かすモチベーションを「〜なければいけない」「〜しないと大変なことになる」ではなく、「〜したい」「〜がほしい」にしていくのが大事なのです。

自分を「できない人」にしない

――小さなゴールを設定する

無意識の習慣で多いのは、自分を「できない自分」に設定していることです。

自己肯定感（自分を肯定する心の状態）が高い人ほど、幸せを感じやすく、能力も発揮しやすくなります。逆に自分をダメだと思っている人は、せっかく持っている個性や能力を活かせない傾向にあります。

ではなぜ、自分がダメだと思っているかというと、高い確率で、

- **かつて自分で決めた目標を達成できなかった**
- **周囲の期待に応えられなかった**
- **何をやっても続かなかった**

・自分はズボラで、ギリギリまで何もしなかった

など、過去に失敗した経験や自分のダメなところを見て、自分の設定をつくっているからです。

「自分はできる」という感覚を大事にする

興味深いのが、**ダメな自分だと思っている人ほど、「さらに高い目標設定をする」という傾向にある**ことです。

そして予定通りの高確率で失敗してしまう。でも誰も失敗しようと思っていない。けれど失敗を繰り返す。これも無意識の習慣のなせる技なのです。

こういった方がやるとよいのは、**まずは失敗しない小さなゴールを決める**こと。

「できること」をしようとして、「できればいい」のです。

すると喜びによって脳内のシナプスが広がるように、「自分はできるんだ」という自分への肯定感が高まり、ほかのことにも広がっていきます。

この「自分はできる」という感覚が大事なのです。

失敗の経験や挫折の経験を何度も繰り返し、落ち込むことで、どんどん自分はダメだという設定をつくり上げてしまっています。これではいつまで経っても、自己肯定感は得られませんし、何事もできるようにならないのです。

ですからまずは、なるべく失敗するリスクがない易しい行動から始める。

それができたら続ける。

続けることが大変なのはもちろんですが、まずは「できる」を積み重ねること。それができれば、次のステップへと歩みを進めることが簡単になります。

「できている」「できていない」の基準で考えるのをやめる

――ゼロイチで考える人は、自己肯定する力が下がりやすい

「自分をできない人」にしてしまう原因はまだまだあります。

そもそも、**「できる」の完全習得をゴールに設定している**のです。

僕も昔はそうでした。「自分はまだまだです」といいながら、できている部分も含めて「できていない」と自分を否定していたのです。

これをすると、完全にできるまではすべて「できない」扱いになります。

たとえば、「仕事ができる・できない」、「サッカーができる・できない」といった物言いは無意識に誰もが行っているかと思います。それ自体は問題ありません。

しかしこれが、「完璧にできる」をゴールに設定していると問題が起こりやすくなります。

どういうことかというと、次のような意味づけが行われているのです。

「できる」＝いいこと、楽しい、幸せ
「できない」＝ダメなこと、つまらない、不幸せ

たとえば、「ゴルフはうまくないと楽しめない」と思われがちですが、「いや、待って。僕、ゴルフうまくないけど、超楽しいんですけど」というのは、どう説明するのでしょう。

「できる・できない」と「楽しい・幸せ」はまったくの別物

です。

当たり前ですが、人生には未知のこと、未体験のことが無限にあり、人はできることの数より、できないことの数のほうがはるかに多いのです。

「できないこと＝ダメなこと、つまらない、不幸せ」といった意味の連結をしていれば、当然自分の肯定感や幸福度も下がってしまいます。また、達成感、できている感、優越感ばかりをゴールにしても、人生は苦しくなります。

「できない」は言わないほうがいい

大事なのは、「できる・できない」で捉えるのをやめること。そして、できるまでのプロセスや小さな変化・成長に価値を感じることです。

もうひとつは、「できること・できたこと」の基準を低くすることです。

たとえば、「あなたは、サッカーができますか？」と聞かれたら、あなたは何と答えるでしょうか。

おそらく、サッカー経験者でなければ、「できない」と答える人も多いかと思います。

しかし現実には最低限のルールを知っていてボールさえ蹴ることができれば、「できる」わけです。「できる（can）か、できない（can not）か」でいえば、ほとんどの人は「できる（can）」のはずです。

もちろん、「サッカーはうまいですか？」という意図を汲んでいるのでしょう。

しかしそうであったとしても、「できない」と答えている事実に変わりはありません。

なんとなく「できない」と答える。ここにも無意識の影響が出てきます。サッカーができる・できない程度の話であれば何の問題もありませんが、これが仕事や営業、対人関係だったらどうでしょう？

わかりやすくいえば、自分がすごく得意なこと以外のことをすべて「できない」という言葉にしている可能性があるということ。

その言葉は無意識で反復され、自分は「○○ができない人」という思い込みをつくってしまうのです。

「私は人と話すのが苦手」

という思い込みも同様です。

あまり得意ではないということを「できない」「苦手」と言い続けることで、本当に苦手になってしまうのです。

無意識が反復する自動プログラムは強力なのです。

うまい・下手ではなく、楽しいかどうかで決める

そもそも「できる・できない」「うまい・下手」という明確な基準はあるようでありません。これも**「なんとなく」決まる**のです。

なんとなくできると思うし、なんとなくできないと思うものです。

なんとなく下手だよなと思うし、なんとなく自分はうまいと思うのです。

根拠がある場合もあるかもしれませんが、「うまい」と思っていることでも、もっとうまい人と比べれば、下手になります。

つまり基準は相対的であり、絶対的なものではありません。

「100%うまい」「100%下手」はないのです。

ですから、何か行動するときは「基準の持ち方」がすごく重要になります。

オススメなのは、「できる・できない」「いい・悪い」よりも「楽しい・楽しくない」という基準を採用すること。

先ほどのゴルフの例の通り、「下手だけど超楽しい！」というのは成り立ちますし、とても価値ある視点です。うまい・下手や、できる・できないと、楽しいかどうかはまったくの別なのです。

だから、選択はまず「楽しいかどうか」を基準にする。

そうするだけで、能力や評価とは関係なく、物事に取り組むことができるようになります。もちろん、うまくなりたい、できるようになりたいという欲は出てきますが、それは目標のひとつにすぎません。それをゴールにしてはいけないのです。

「やっていること」そのものが「楽しい」という形が大事。やっていることそのものが楽しい状態をつくると、やりがいや幸せを感じることができます。

そもそも、行動とは誰のためにやるのか？

「誰かの期待に応えるため」ということももちろんあるでしょうが、自分自身が楽しいかがまずは大事なはずです。

うまくできるから楽しいということもあるかもしれませんが、うまくなければ楽しくないというのは設定が厳しすぎるのです。この設定をぜひ変えてみてください。

Chapter-2

意

第2章

心・意識を整える

自分に正直に生きる

――人は自分に対して自覚のない嘘つき

ここからは、自分の身口意の「意」を形づくっていく方法をお伝えしていきます。

まず、最初に伝えたいことは「自分に正直に生きる」ということです。


あなたはどのくらい自分に正直に生きていますか？


こう質問したらどう答えるでしょうか？

「私は自分に嘘をつかずにやってきました」

そうおっしゃるかもしれません。

でも本当でしょうか？

人は嘘をついている自覚のない嘘つきです。

たとえば、「あなたが好きなことは何ですか？」と聞かれて、「家でゴロゴロすることです」だとか「スマホでＹｏｕＴｕｂｅを見ることです」などと答える人はあまりいません。

「本当に好きな音楽はアイドルソングだけど、洋楽ってことにしとこう」
「ジブリ作品が好きだけど、『エイリアン２』とかいったほうが面白いかな」

自分に正直にといいながら、人の目線が入ってしまっているのです。多かれ少なかれ、他人にどう思われるか、他人によく思われたいといった思いが生まれてしまうものなのです。

趣味程度の話であれば問題ありません。

でも、自分がやりたいことだとしたらどうでしょうか。

「本当は作家になりたい」

「本当はサラリーマンを辞めて、独立したい」

という思いがあるにもかかわらず、

「でも、失敗するかもしれないから」

「今はお金がないから」

と理由をつけて、その思いをなかったことにしようと自分に嘘をつくのです。

「私は○○といった夢を叶えて、みんなを喜ばせたい」

という夢を語るときも、正直に言えば、お金や自由がほしかったり、人から認めてもらいたいという思いが隠れていたりします。

正直さを取り戻すためにやるべきこと

ですからまずは、自分に対する正直さを取り戻さないといけないのです。

自分に嘘をついていると、心が苦しくなる現実へと向かいます。それでは、何かを成し遂げるパワーも、継続力も、一貫性もなくなります。そうなると何も手に入らなくなってしまう可能性があるのです。

「物事は全身全霊で本氣にならないと達成できない」と思われがちですが、実はそうとも限りません。ちょっとでもやる氣になれば、できることもあります。

「手に入る」ということは、手に入る行動をするから手に入るだけ。

逆に、「手に入らない」ということは、手に入らないことをやっているだけ。

つまり、力を注ぐ方向性が間違っているのです。

大事なのは自分の正直な思いから生まれる「ヴィジョン」であり、「方向性」です。描くだけで氣分が上がり、スイッチが入るような未来への方向性があれば、物事は自然と動くものです。

ですから、まずは「自分がどうなっていたいか」「どんな自分になっていたら嬉しいか」を強くイメージしてみてください。

実現するかしないかはあまり重要ではなく、「自分に正直」なヴィジョンを持っていることそのものが尊いことなのです。

ヴィジョンをつくる練習

――自分の心を殺してはいけない

ヴィジョンをつくるためのいい言葉の練習があります。

「もし何の制限もなかったとしたら、何を実現したいですか？」

という問いを持つことです。

これはコーチングの世界でもよく行われる自分への質問です。

今の自分ではあまり描けないのなら、「過去の自分だったら」と考えてみるのもいいでしょう。子どもの頃の自分だったらどういうものを描いているだろう、と思考を巡らせてみるのです。

「ヒーローになりたかった」「魔法使いになりたかった」、そういったものが出てきてもかまいません。それらを手がかりに、影響を受けた本、漫画、音楽、ドラマ、人などを振り返って掘り下げてみましょう。

すると、自分が本来手に入れたかったものや、本当にほしいもの、なりたかったものなどが見つかったり、手がかりが見えたりしてきます。

自分の隠された欲求を見つける

無意識的に「どうせ……」と、拗《す》ねて、「望んでも手に入らない」と氣のないふりをしてしまうこともあるかもしれません。

この「どうせ」の前には必ずある言葉が略されています。

たとえば、「どうせ私、キレイじゃないから……」という口癖の人がいたとします。この言葉の前に何が略されているでしょう？　考えてみてください。

＊

答えは、**「本当はキレイでありたい。でも……」**です。

「(そりゃ、私だってキレイだったらいいわよ。でも)どうせ私、キレイじゃないから……」

このように「どうせ」の前には、拗ねて諦めてしまったあなたの欲求が隠れているのです。

どうせ私はお金持ちになれないし、どうせ私は何をやってもうまくいかないし、というのも同じ。

「(そりゃ私だって、お金持ちになれるんだったら本当はなりたいよ。でも……)」

「(そりゃ私だって、人生楽しく生きたいし、成功したいよ。でも……)」

という本当の欲求が省略されているのです。

こんなふうに自分の言葉はいろいろと略されています。

まずは、この省略された言葉「声なき声」に氣づけるかどうかです。

そこに氣づければ、あなたの「自分が本当はどうなりたいか」が見えてきます。

「本当はこうしたい」という欲求、自分の本音を隠しているから、そのありかがわからなくなって、**結果的にいつも自分の心を押し殺している状態になる**のです。

「できない理由」や「やらない理由」はいくらでも見つけられるし、自分の可能性は否定できます。

しかし、**人間にとって可能性こそが一番の宝**なのです。

自分の可能性を信じられる人は、それを成し遂げるためのアイデアや方法を見つけることができます。

可能性を肯定して生きるのか、可能性を否定して生きるのかで、あなたが潜在能力を発揮できるかどうかが変わってしまうのです。

頭の声より、心《ハート》の声を捉える

——思考（頭）はセキュリティシステム

人は、矛盾や葛藤を抱える生き物です。

「成功したいけど、成功するのは怖い」
「毎日刺激的な生活をしたいけど、平穏な心の状態にありたい」

でも、どちらも最終的には自分がしたいことをやるわけです。
たとえば、「痩せたいけど、食べたい」という矛盾した欲求を抱えるわけですが、細かく見ていくと、心の奥底では痩せたくないと思っていることがわかります。どういうことかというと、**「痩せたい」ではなく、「痩せたほうがいい」と思っているだけ**

なのです。

「痩せたい」と思っているのではなく「痩せたほうがいい」と思っているから、「痩せたい」と言っているにすぎない、ということ。「痩せたほうがいい」と思っているのは頭の声なのです。


「～したい」は、心《ハート》の声。

「～したほうがいい」「～なければいけない」というのは、頭の声です。


「やりたいことが見つからない」という悩みも、ほとんどの場合、頭の声が心の声を邪魔しているにすぎません。

頭・脳・思考はセキュリティシステムで、ブレーキなのです。

自分の思いは、心《ハート》の声で「火」なのです。

自分の考えは、頭の声で「水」なのです。

何かを望む心、思いは「火」の力。でも、それを思考が「水」をぶっかけて消すわけです。

心でやりたいと思っていても、頭が「でも、やっぱり自分にはできるはずがない」「難しいんじゃないか」と問いかけ、ブレーキをかけてきます。

これこそ、身口意がバラバラになる原因のひとつです。

本当の「したい」なのかを確認するコツ

しかし、本当にやりたいこと、したいことを見つけるのは、なかなか難しいものです。

「本当に自分はこれがやりたい」

「こうなりたい」

「痩せたい」

実はここに落とし穴があります。

「〇〇したい」と思ったものが本当に心からの「したいこと」かどうか、わからないことです。

心《ハート》の声を聞いて出てきた「〇〇したい」と思ったものの多くが、実は「したほうがいい」になっていたりする。言葉の上では、自分が「〜したい」と思っていることのようで、実は頭の声のままだったりするのです。

大事なのは「本当の心《ハート》の声」をしっかりと捉えることです。

そのためには「本当はどうしたいのか」を自分に問いかけ続け、見つけるしかありません。

たとえば、自分のしたいこと、やりたいことを書き出し、出てきたそのものに、重ねて問いかけてみるといいでしょう。

「これは実は『したほうがいい』ことではないだろうか？」と。

心《ハート》の声を書き出し、もう一度チェックしてみることで、頭の声なのか心《ハート》の声なのかを捉えるのです。

その中で心がワクワクしたり、体が心地よく熱くなったりすると、それは心《ハート》の声である可能性が高いものです。

もうひとつのチェック方法は、意識の場所を見ることです。

本当の心の声の「～したい」の場合、意識は「今」にあるはずです。

頭の声の「～したほうがいい」の場合、意識は「未来」や「過去」にあるのです。


「したい」は、今やりたいかどうかです。

「したほうがいい」は、過去に誰かに何か言われたことだったり、未来への不安から出てきた声だったりすることが多いのです。

自分の心と向き合うためには瞑想などするのもいいでしょう。

自分の心にある本当の声を捉えようと意識してみてください。


うつ状態になる人は、頭の声がとても大きく、そして厳しいのです。

頭の声ばかり聞いてしまっているから、「なきゃいけない」がたくさんある。

心《ハート》の声は本物の「したい」。

最終的に強いのは水（頭）ではなく火（心）なのです。火を捉え、強くすればするほど、その思いはブレーキとなる水を蒸発させ、行動に移せるようになっていきます。

頭の声か心《ハート》の声か

心《ハート》の声にブレーキをかけるのが頭の声
頭の声に要注意!(どちらの声か見極める)

※ただし、どちらの声も大切!

「幸せ・いい流れ」と決めつけると、人は勝手に幸せになる

——幸せのイメージにフォーカスを合わせ続ける

あなたの世界観は、あなたが信じている通りにつくられています。

何を考え、何を口にし、何を心から思い、どのようなことをやっているのかによって、世界の見え方、現実の見え方は変わってくるのです。

ですから、「自分は流れがいい」「自分は運氣がいい」「自分は幸せ者だ」と勝手に決めつけるのもいいことです。

人は、勝手に不幸になって、勝手に幸せになるのです。

不幸になる人は、みんな「自分は不幸になるだろう」と勝手に信じていて、状況を見て「ほら、やっぱり」と信じていることの確認をし、勝手に確信を固めていくのです。

つまり、現実とはあなた自身の信念がつくり出しているのです。

もし今の自分の状況を、貧しい、不幸、満ち足りていないと思っているのならそれが現実になり、逆に、自分の今の状況を豊かであり、幸福であり、満ち足りていると思う力があれば、その通りになります。

この信念は、状況に関係なく自分で好き勝手に決められるのです。

フォーカスをどこにロックするかは自分で決められる

たとえば、「氣になっている異性と楽しい旅行をして、美味しいご飯を食べた」という体験があったとします。それを思い出しては、何度もにやけたり、嬉しい氣分になったりしますよね。

こういったいいイメージやヴィジョンが常にロック（固定）されていると、自分の見ている心地よい世界観がその人の現実になります。

フォーカスがいいイメージのほうにロックされていない人はどうでしょうか。

せっかくいい体験をしても、昔の怖い体験、嫌な記憶、失敗の記憶をいちいち思い出してしまうのです。言い換えれば、過去に囚われている人。この状態で生きていると、どんどん辛くなり新しい行動ができなくなります。

ネガティブなイメージを無意識が何度も反復しているので、自分への肯定感や世界観にも悪い影響が出てしまうのです。

自分に影響を与えているのは、「いつも自分が何を心に描いているか」です。

多くの方は「起きた出来事」に影響を受けていると思いがちですが、実際は出来事をきっかけに何を思い出しているか、連想しているのかに影響を受けています。

たとえば、すごく美味しい焼き肉を食べていても、

「ジュー、ジュー(肉が焼けている音)」

「はぁ……(ため息&食が進まない)」

「どうしたの?」

「昨日、奥さんとケンカしてさ……」

「いいから、目の前の焼きたてのうんまい肉を食え〜!」

という話です。

体は今ここにあるのに、心はここにあらず。楽しいことをしていても、過去の辛い体験にフォーカスがロックされ、それが自分の心身を支配していきます。

言い換えれば、逆にすることも可能です。

今がどれだけ辛くても、いつの日かやってくる「幸せ」のイメージにフォーカスをロックできてしまうのが、人間の持つクリエイティビティなのです。

どの状態で意識のフォーカスをロックし、反復するかで、無意識の行動や選択の質が変わります。いつもいい状態、幸せなイメージにロックできる人は、これが反復され、幸せに向かう影響力が持てる。それができていれば、勝手に幸せになれます。というよりすでに幸せであることに氣づくのです。

だから僕は、「誰でも幸せになれるし、勝手に幸せを感じることができる」と言っています。自分のビジネス、仕事や会社のヴィジョンでも同じこと。

もちろん、自分のヴィジョンがあっても、厳しい状況と向き合わなければならない時もあるでしょう。しかし、そんな中でもヴィジョンを心に描ける自分になれると、自分自身に対してとても強い影響力を手にすることができるのです。

結局、自分の心のマネジメントができるかが鍵なのです。

海外からやってくる心のマネジメント法には、激しく大げさなアクションでもって自身を奮い立たせる方法もありますが、僕は日本人には合わないと思っています。なぜかというと恥ずかしさが先に立つからです。

僕たち日本人には**「イメージを想起させるモノを持つ」**という方法のほうがオススメだと思います。

お守り、水晶、写真や言葉を壁に貼っておくとか、目で見たらイメージが浮かぶものを身に着けたり、身の回りに置いたりしておくといいでしょう。

心理学では、これをアンカリング効果といいますが、目にしたりすることで自然と未来のイメージやいい流れのフォーカスに無意識をロックすることができるのです。

もしくは**ヴィジョンを思い出すための内なる問いを習慣化すること**。

たとえば、「何を実現するために、私は今この◯◯を選んでいたのだろう？」などの問いかけをしてみる。そのために瞑想をしたり、寝る前に自分に問いかけてみたりするといいでしょう。

いいイメージにフォーカスをロックする

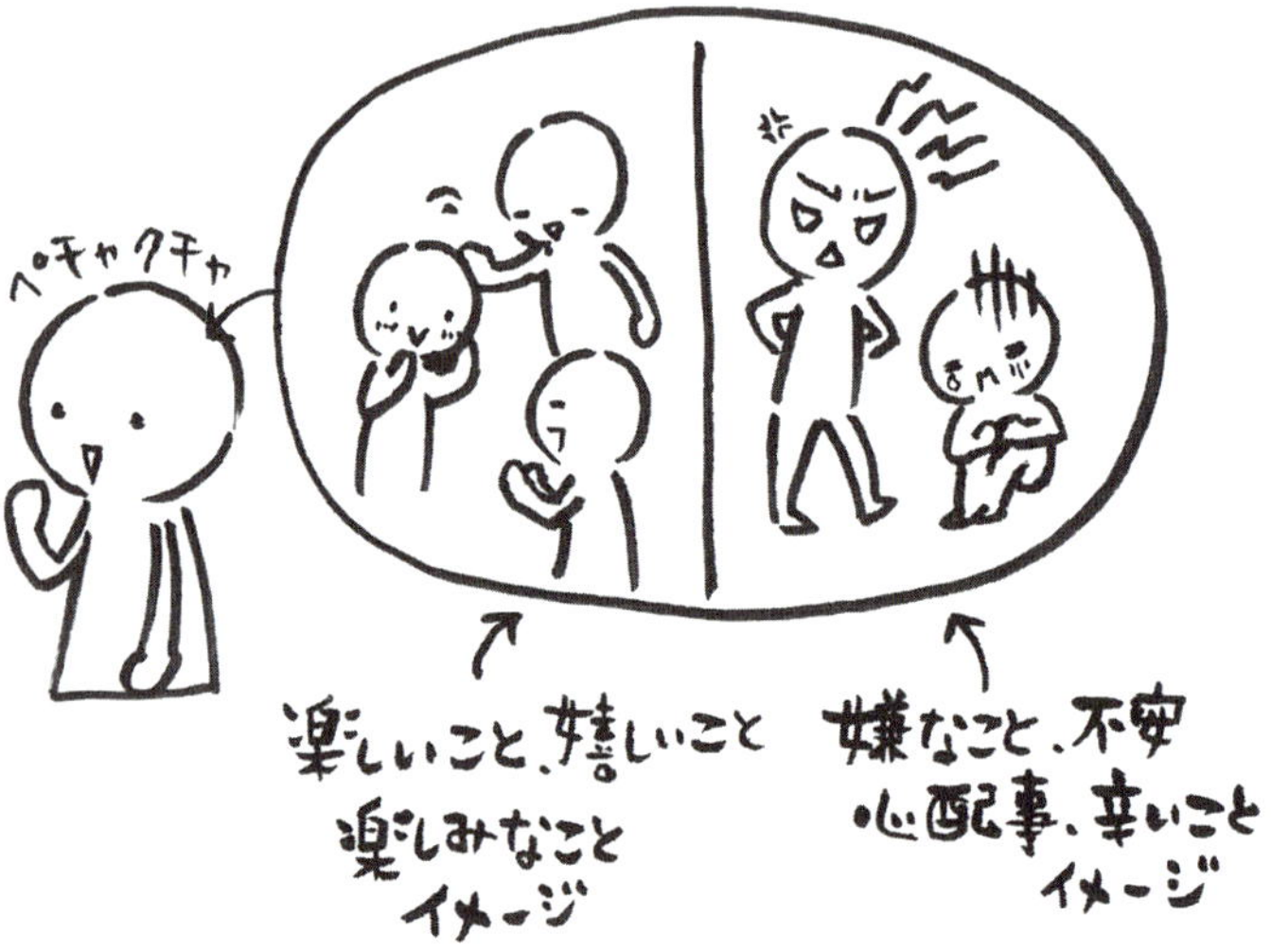

「いいイメージ」にも「悪いイメージ」にも
フォーカスをロックできる

↓

人間の持つクリエイティビティ

いつも「いいイメージ」をロックしておくと
幸せを感じられる

成功と幸せを一緒にしてはいけない

――成功は未来であり、幸せは今である

成功と幸せがごちゃ混ぜになっている人がいます。

たとえば「成功したら幸せになれる」と思い込んでいる。

しかし、必ずしも成功の先に幸せがあるとは限りません。

そもそも、「成功」と「幸せ」はベクトルが違います。「成功してすごくお金持ちになった」ということと「だから幸せ」であるかどうかは、わからないのです。

年収と幸福度の関係については国内外で研究され、いくつか発表もされています。

有名な論文は2010年の行動経済学者ダニエル・カーネマンが発表したものです。

それによると、収入が増えることによる幸福度の上昇は、年収が7万5000ドル

（約８００万円）を超えると、収入と幸福度は連動しなくなるそうです。

これはあくまで収入との関係ですが、成功においても同じようなことがいえます。

「成功」は達成感、「幸せ」は満足感

成功とは未来のことであり、**幸せとは今**のことなのです。だから全然違います。でもだからこそ、やり方次第で２つとも手にすることができるのです。

まずは成功についてお話ししましょう。

ここに「出発点Ａ」と、「ゴール地点Ｂ」があるとします。

Ａを出発してゴール地点Ｂに行こうとして、行けたとしたらそれが成功になります。

つまり、**何かしようとしていることを、しようとした通りに結果としてできることが成功**なのです。

一方、「幸せ」というのはその時々の状態であり、心模様のことであり、満足感。

つまり、今あるものをジャッジしないで「いいな」と思えることです。

成功すると達成感が手に入ります。しかし、達成感で幸福が手に入るかというと、それは別の話です。

成功した瞬間に、充実感と達成感は得られるでしょうが、それは長く続きません。この感覚はゴールにたどり着いたときにしか感じられない「短期的な快楽」だからです。達成する前はもちろん、達成してもまたさらなる達成を求めてしまうので、一時的にしか感じられないものなのです。

もちろん、成功や達成を目指すことが悪いと言っているのではありません。

ただ、成功すれば幸せになれるかというと、それは違うのです。

だから成功しても不幸せな人もいる。成功の先に幸せがあるとしたら、成功者は全員が幸せになっているはずです。

目標達成したあとに幸福があるような氣がするけれど、実はないんですよね。

もちろん、成功して幸せな人もいるでしょうが、それはその人が、成功と幸せのそれぞれにしっかりと向き合ったから手にしたものなのです。

幸せな状態を感じながら、成功を目指せ

ですから、**「幸せ」が先で「成功」が後、というのがオススメの順番です。**

できるだけ幸せな状態を感じながら成功を目指す。

「成功にたどり着くまではストイックに」では苦しくなります。もちろん、そういうやり方もあるにはありますが、すべての人が成功できるわけではありません。

しかし、**成功してもしなくても幸せではいられる**のです。


成功の先に幸せがあるはずだと思って、辛い思いをしながら頑張る。達成した、でもやっぱり幸せがない。達成感の喜びも消えてしまう。

なぜかというと、達成したらまた次の達成感に向けてのゴールを設定してしまうからです。それ自体が悪いことではありませんが、もっともっとと欲が出てくる。そうすると欠乏感なってしまう。常に不足感、満ち足りない状態で人生を過ごすことになります。

成功と幸せは別のベクトル

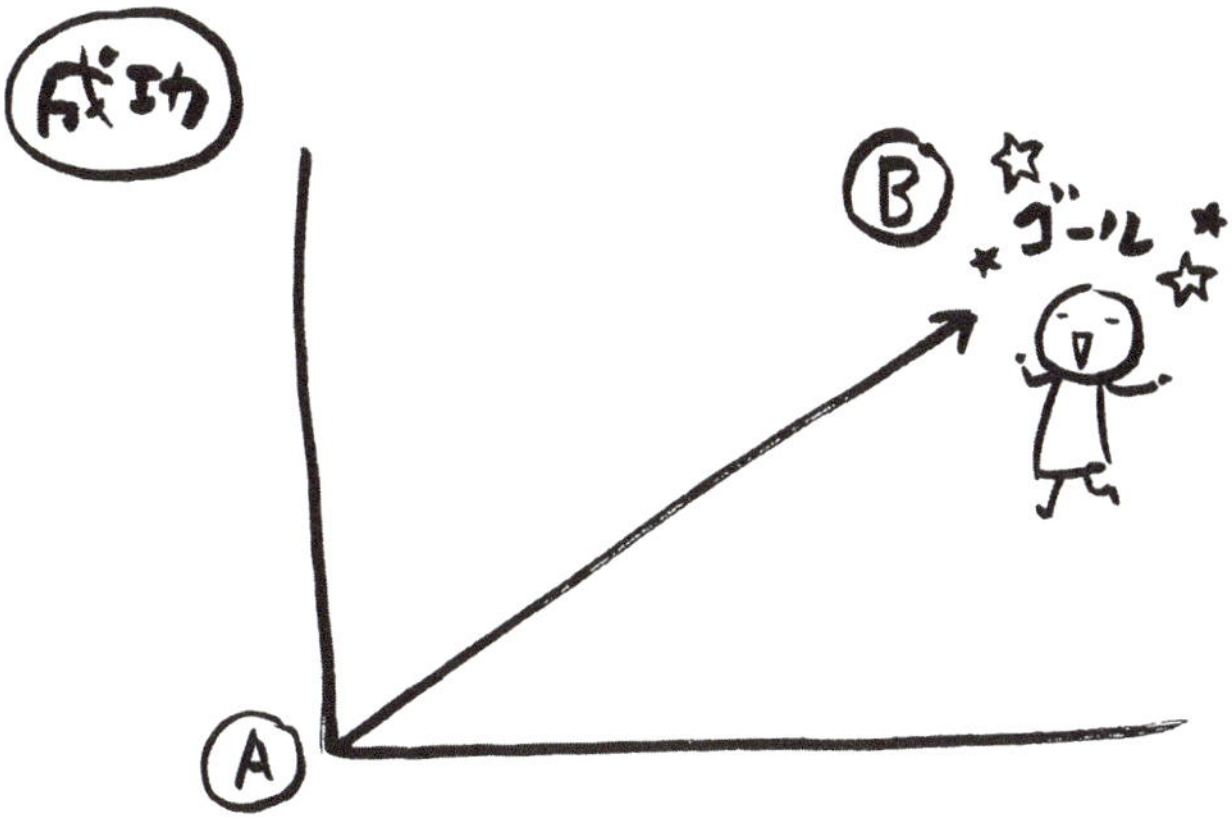

達成感。短期的な快楽。未来のこと

満足感。心模様。今のこと

「成功 ＝《（イコール）》 幸せ」ではない

幸せを感じるためには、「今ここ」がとても恵まれていて豊かだな、と思えるものの見方をすることです。

成功していない状態を「幸せと呼んではいけない」と思っていると、不幸せになる。成功していなくても十分幸せになれる。幸せな状態を感じながら、成功を目指せばいいのです。

それではどのようにすれば、幸せな状態を先につくれるのでしょう。

それは幸せの状態がどういうものかがわかっていれば、その方法も見えてきます。

幸せな状態とは、一言で言うと感謝の氣持ちを感じている状態のこと。

感謝というと他人に対して持つ感情のように思われるかもしれません。

「いつもありがとう」「こんなことをしてくれてありがとう」と。

しかし、それだけではなく、あらゆる小さなことに感謝の氣持ちを感じている状態です。

周りの人に対してはもちろん、自分自身、今置かれている自分の環境、自分が持っているすべてのことに感謝をしてみてください。

自分がやろうとしてできたことだけでなく、やっていること、チャレンジしようとしたことなど、「今、当たり前にあるもの」に目を向けて「ありがとう」と感謝するだけで、小さな幸せを感じることができるはずです。

Chapter-3

口

第3章

言葉・思考を整える

言ってはいけない口癖

――言葉は「意味」よりも「意図」が大事

身口意の中でも最も簡単に変えられるのが「口」です。

普段無意識に使っている言葉に氣づき、捉え、変えることで、自分の身口意にも大きな影響が出ます。

わかりやすいのが口癖です。口癖は文字通り癖ですから、無意識の習慣が現れたものになりやすいのです。

身口意では口は言葉ですが、そこには思考も含まれています。言葉は思考を通って口に出ているからです。

「思考パターン＝言葉のパターン」だと考えてもらえればいいでしょう。

よくある口癖でわかりやすいのが、

「お金がない」

「時間がない」

「私なんて……できっこない」

「無理、できない」


といった「～ない」というもの。

この口癖のある人は、その人の物事に対する扱いが粗雑なのがわかります。

たとえば、「私なんて」とよく言っている人は、自分に対する扱いが雑なのです。

これは自分自身を信じていないし、「できない人」扱いをしているのです。

「お金がない」といつも口にする人は、お金に対してぞんざいな扱いをしています。

お金に対して無関心だったり、適当だったりするからこそ、お金がないと言えるのです。

僕はよく「お金がない」という言葉は使わないほうがいいですよ、と言っています。

なぜかというと大小を問わず、今あなたの手元にあるお金に対して失礼だからです。

自分の銀行にあるお金、財布に入っているお金に対して礼を欠いています。「全然ない」と言っていて、本当に1円もない人はほとんどいません。つまりお金はあるわけです。なのに「ない」と言ってしまう。人でいえば、そこに居るのに「居ない人扱い」をしているようなものだからです。

「なぜ、何のために言うか」を意識する

言葉は、「意味」よりも「意図」が大事なのです。

意味とは**「何を言ったか」**です。

一方、意図とは**「なぜ、何のために言ったか」**です。

自分がいいイメージで言っているのか、悪いイメージで言っているのかで、同じ言葉であっても大きな差があり、影響が出てきます。

「何のためにその表現を使っているのか」を意識しましょう。

「バカ」という言葉ひとつとっても、昔江戸っ子が使っていた「てやんでぇ、バカ野

りません。

郎」というものも、悪い意図ではなかったりします。あれは、一種の照れ隠しで親しみを込めたバカ野郎なのです。少なくとも、下げようと思って言っている意図ではありません。

だからいいのです。

逆に言葉は丁寧でも、

「あなたの意見を尊重します。本当にそれでいいんですね?」

などと意図して相手の不安をあおる言葉とか、脅す言葉を使うのは、相手に悪い影響を与えてしまうのです。

こういった言葉を使っていると、自分自身や周りに対しても殺氣を放つことになります。結果的に人が遠ざかったり、周りから殺氣の言葉が返ってきたりして、どんどん流れが悪くなってしまいます。

ですから、**自分の意図が伝わりやすい言葉を選んだり、相手の言葉の意味よりも意図を感じとっていくことが重要**になります。

意味依存をやめて、意味自立へ

――自分の世界を生きる方法

僕が、「意味依存」と「意味自立」と呼んでいるものがあります。


「意味依存」は、起きたことの意味を人に依存すること。

「意味自立」は、起きたことの意味を人に頼らず、自分で決めることです。


たとえば、仏壇から何か物がポロッと落ちました。

「これって、何か意味あるんですかね、先生？」

と何でも人に聞いてしまう。これが意味依存です。普通に考えれば意味のないことでも、意味をつければ「ある」になります。

そこで「いや、これはね、あなたのご先祖様の魂が……」とか相手に言われると、ずっと信じてしまう。これが意味依存の怖さです。**意図的に依存をさせて人を支配することは、密教的にはとても愚かなことだと考えます**。でも、現実には、意味支配と意味依存の関係で生きている人も多いのです。

大事なのは自分で意味を決めること

「正解を人から教わろうとする」

そういったことも広義の意味依存になります。

相手は、相談されれば当然答えますが、その答えを信じ、そのまま正解と鵜呑《うの》みにして受け入れる。

こういった状態になると、答えは何でもよくなります。何であっても受け入れる状態になってしまうと、人は簡単に洗脳されてしまうのです。

つまり、出来事の意味を相手が自由自在につくれてしまい、仮に相手が依存させる氣がなかったとしても、**相手の世界観があなたの世界観になってしまう**のです。

意味依存と意味自立

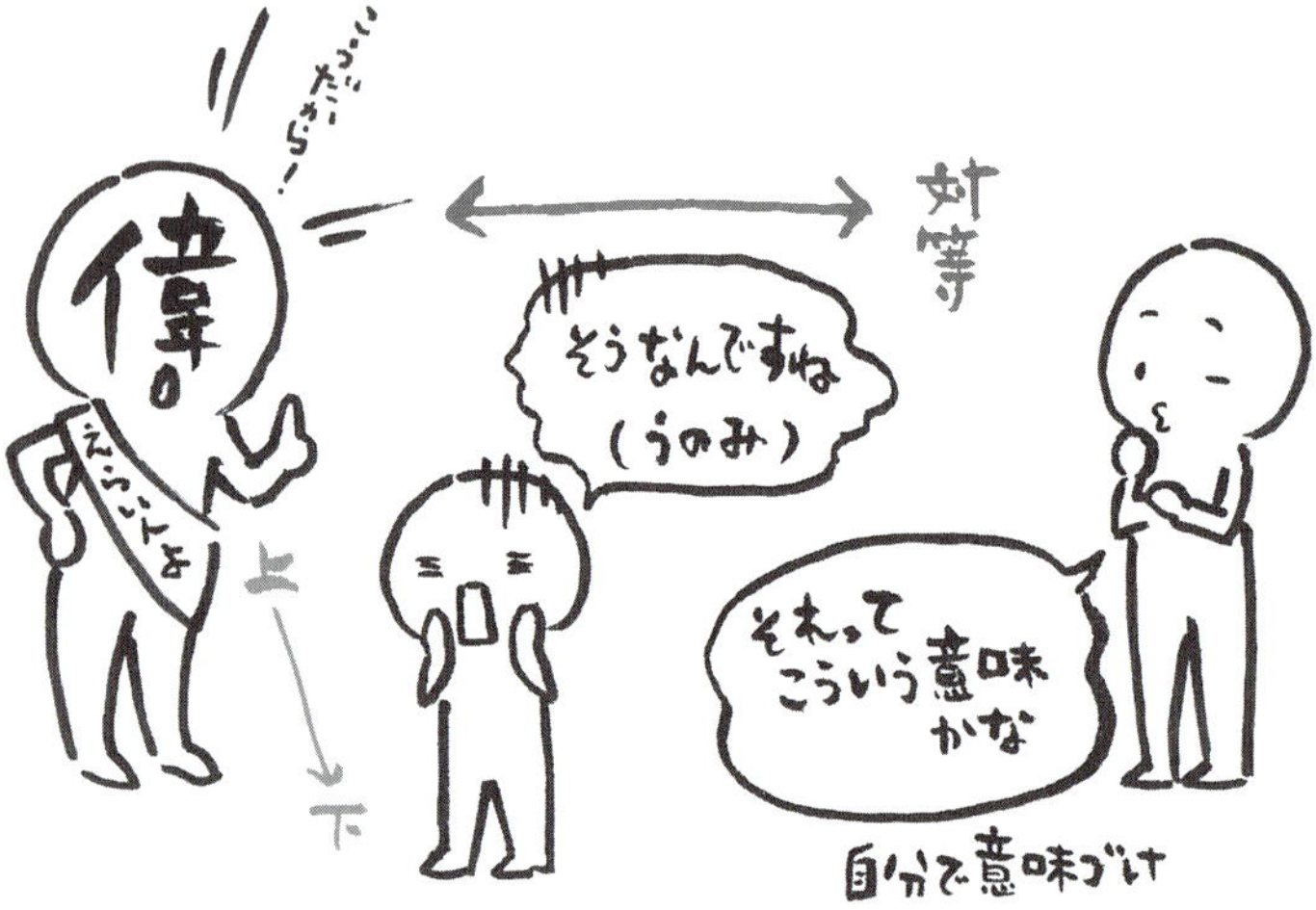

意味依存　　意味自立

意味は自分で決める

「これを実行しなければ、絶対に成功できない」

「こんなこともできないようなら、何をやってもうまくいかないよ」

と言われて信じて、本当にそう思い込んでしまったりします。

まるでカルト宗教みたいなもので、本人たちも思考停止状態になってしまう。

どれだけ的確な答えであったとしても、それは正解ではなく、単なるひとつの意見にすぎません。

こんな質問も来ることがあります。

「壊れるはずのないものが3回続けて壊れました。先生、どんな意味があるのでしょうか？」

僕は「ぐーたま（偶然・たまたま）では？」で終わらせます。これは相手に意味依存をさせないためです。もし本格的に相談に乗る場合には「どうして意味を尋ねたいと思ったの？」と、問題をほどいていきます。


自分を世界の中心として生きなければ、幸せになんてなれない。にもかかわらず、他人や大衆意識に身を委ね、誰かの世界観で生きているのです。これでは、自分の人生なのに、自分の人生を生きていないといえます。

ですから大事なのは、意味自立。自分で意味を決めることです。意味があるか、ないかも含めて、人に依存しない意識を持つことなのです。

ネガティブな意見に対処する方法

――いつも自分の意見を頂点に置く

自分の考えの上に他人の考えを置いていると、自分の考え方はいつまで経っても磨かれません。試す機会がないからです。

大事なのは、自分の考えを頂点に置くこと。

それは「傲慢になれ！」という意味ではなく、自分を生きるためです。

いつも人の意見、専門家、年上の人、親の意見を自分より上に置いている人がいます。

そうすると、苦しいわけです。常に人の意見や見方を氣にする無意識の習慣が身についているので自分の意見や考えはあるのに、自分で決められなくなってしまいます。

自分の人生の決定を自分でできないことほど苦しいことはありません。常に誰かの許可を求めたり、他人がいいと言ったことしかできなくなったりするのですから。
そんな状態で生きていて楽しいかというと、楽しくない。しかし、責任のリスクからは逃れることができ、無難ではあります。

もしこの状況を変えたければ、どれだけ影響のある人の意見や考えであっても、自分の意見や考え方の下に置くようにイメージしていくこと。それを採用、不採用にするかを自分で決めるようにしていきます。

他人が発する言葉は、あくまで意見。事実でも正解でも何でもありません。アイデアです。「あなたはそう考えるんですね」という以外の何物でもありません。
たとえ間違っていたとしても、まずは自分の考えを試し、失敗をし、そこから学ぶ。
これが**「自分の育て方」**です。

そもそも、「意見を聞いたからには、その意見に従わなければならない」という概念がおかしいのです。

一応、参考として意見のヒアリングはするけど、採用しないでＯＫというスタンス。特にあなたのことをよくわかっていない他者からの批判・意見はほとんど却下でＯＫです。

1つひとつまじめに受け入れてしまっていたらマズイわけです。

もちろん自分の意見もあるけど、視野を広げるために今回は相手の意見も聞いてみてもいいかもしれない、と吟味した上で受け入れるのであれば問題ありません。

あなたのことをよく知らない人、もしくは知ったかぶりをしている人の意見を「そうかも」と思ってしまうことが問題なのです。

無意識に、吟味せずに、相手が言ったことをそのまま受け入れる。なんとなく「そうかも」と思ってしまう。

「そうかも」ではなく、相手の意見を「へ～、そうなんだ」と知るだけでまずは十分なのです。

相手の意見を弾き返すサイコフィルター

心にはフィルターがあります。僕はこれをサイコフィルターと呼んでいます。

サイコの語源はギリシャ語で「心・精神」や「魂」を表す「プシュケー(psyche)」で、いろいろな意味がありますが、ここでは心や精神という意味で使っています。

本来、人は他人の心を傷つけることはできません。

たとえば、他人が僕の心を傷つけることはできない。なぜかというと、相手の批判的な言葉を「確かにそうかも」と僕が採用してはじめて僕の心に傷がつくからです。

仮に、「種市くんっていい加減な仕事しているね」と誰かが言ったとします。

その言葉によって僕の心が傷つくためには2つのプロセスがあるのです。

プロセス1が「種市くんっていい加減な仕事をしているね」という言葉そのものが心のフィルターにぶつかるまでのプロセスです。

次の段階にプロセス2「承認」があります。

つまり、相手の言葉に対して、「ああそうかも」と思わないと心には刺さらないのです。たとえば、

「種市くんっていい加減ね」

「ああ、あなたはそう思うんですね（プロセス1）、僕はそう思いません（プロセス2）」

これでいい。**サイコフィルターの中に入れる、入れないは自分で選べるのです。**

相手の攻撃的な意見を採用すれば、心に傷がつきます。でも、相手の意見を不採用にすれば、傷はつかない。それがサイコフィルターです。

だから、「あなた本当に太っているね」と悪意を込めて言われ、グサッと刺さったという人がいますが、事実としてまったく太っていない人や、氣にしていない人、自分を太っていないと信じている人などの場合は、同じ言葉でも刺さらないし、弾き返せます。

相手の意見を受け入れるかどうかは自分で選べばいい。

英語にするとわかりやすくなります。

相手が何を言っていても単なる意見。

「あんた太っているよね」を受け入れるということは、「I think so.（私もそう思う）」と言っているのと同じなのです。

ほとんどの意見は、

「You think so?　Oh I understand you think so, OK.（あなたはそう思ったの？　そうなんだ）But, I don't think so.（でも私はそう思わない）」

これでいいのです。

基本的にいい意見であろうが悪い意見であろうがすべて、「あなたはそう思うんですね（You think so.）」と考える。どう考えるかは双方自由であり、それぞれ。自分で決めるのですから、そのまま受け入れなくてまったくＯＫなのです。

いつも嫌なことを言うような相手は「あなたのことがわかっていない」ということだけ、わかっていればいいのです。

もちろん、自分のことをわかってくれている人の意見には耳を傾けましょう。

心を守るサイコフィルター

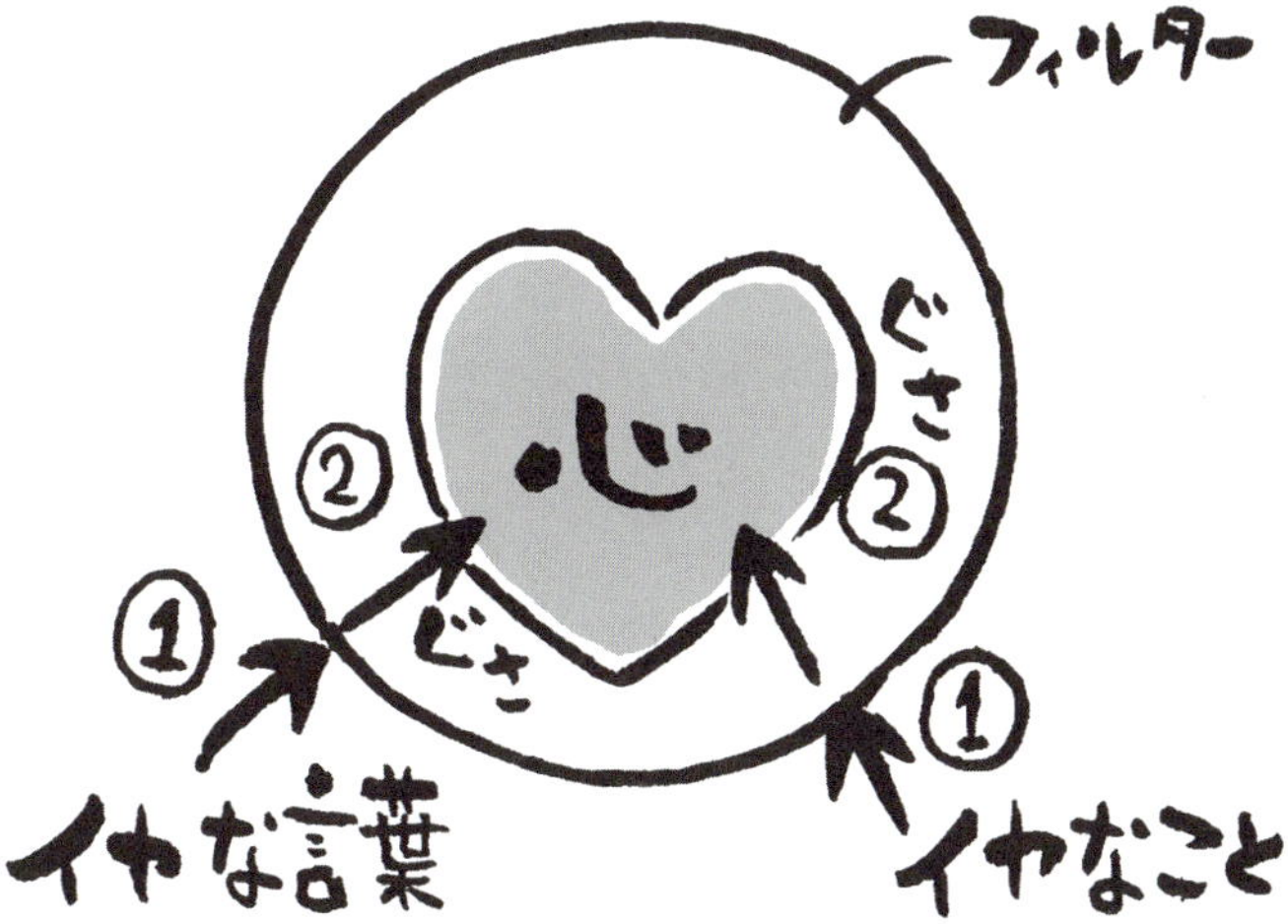

心に刺さるのは、自分がイヤな言葉・ことを採用するから

相手の言葉を
採用すると心に傷がつく

相手の言葉を
採用しなければ傷つかない

意味の「固定化」と「盲信」が一番怖い

――「自分の意味辞典」は書き換えられる

自分がうまくいかない理由や、失敗した理由などを関係ないことと結びつけている人が多くいます。

「彼と一緒にやる仕事はいつも失敗する」

「自分のビジネスがうまくいかないのは、○○のせいだ」

というように「A＝B」と結びつけてしまうのです。

大事なポイントは、結びついてしまうのではなく、自分で思い込んで、結びつけていること。これも無意識の習慣なのです。

僕はこれを、「意味の固定化」と言っています。

「今日雨が降ったのは、私の日々の行いがよくないってことね」

という具合に、ある事象と意味を「A＝B」「AだからB」というふうにつなげてしまうのです。この例でいえば、もちろん雨が降ったことと、日々の行いは関係がありません。

ほかにも男とは何、女とは何、お金とは何、成功とは何、一流とは何……など、たくさんの定義が紐《ひも》づいています。これは「その人の中では正しい」けれども、逆にいえば「その人の中でしか正しくない」わけです。

「お金＝豊かさ」「お金＝神様」「お金＝幸せ」と紐づける人もいれば、「お金＝トラブルの元」「お金＝ギャンブル」と紐づけている人もいる。「男＝けだもの」という人もいれば、「男＝王子様」という人もいます。

この固定化と、一度信じたら疑う余地なく盲信するのはとても怖いことなのです。勝手に定義して、思い込んで、自分で自分の人生の可能性を狭めてしまう方もいます。

紐づけに正解はありません。

お金はお金、ギャンブルはギャンブル、男は男です。男は王子様ではないし、けだものでもない。でも人は意味をつなげて考えてしまうのです。このつながりが、人を幸せにもし、逆に争いを起こし、苦しめもします。

受動的に「なんとなく」意味をつなげたり、他人から意味をつなげられたりする場合は、事象そのものではなく、意味に振り回されてばかりになります。

ですから、意味はどれだけ主体的かつ幅広く多様につけられるかどうかが重要なのです。

意味辞典の扱い方

いわば、**みな「自分の意味辞典」を持っている**のです。

世界観とは、この意味辞典の集まりともいえます。

この意味辞典は、本来いつでも書き換え可能なのですが、多くはその情報の更新を怠りがちです。

この、すでにつながってしまっている意味辞典はどうすればいいのでしょうか。

意味をつなげているのは、実は多くが聞いた話や、本や雑誌、テレビなどのメディアからの伝聞です。つまり、未体験の知らないことをイメージし、そこに意味づけをして、わかったつもりになっています。

ですから、**意味辞典は「正解」ではなく「すべて仮説」と考える**ようにしてみてください。そして、1つひとつ機会があるごとに自分の体験・経験に基づき、再定義をしていけばいいのです。

たとえば、「宇宙人＝迷信」と思っている人も、もし宇宙人にさらわれたとしたら、一発で「宇宙人＝実在するもの」と意味が変わりますよね。意味は経験で変わるのです。

そして、それと同時に、**意味は自分で付け替えられる**と知っておくこと。

そうすれば、意味の固定化と盲信の状態を解除しやすくなります。

今信じている「A＝B」は本当か？　と疑ってみる。まずは探究心を持って疑ってみることで、意味は切り離したり、自由につなげたりできるのです。これが自由自在に自分を生きるためのクリエイティビティの発揮のしどころなのです。

他人よりも、まず自分を救え

――自他法界同利益

僕のカウンセリングやセミナーは、**財《ざい》・体《たい》・心《しん》の流れを整える**ことを目的としています。

財とはお金、体は健康、心は精神です。

つまり経済的自由、身体的自由、精神的自由を手にすることです。

どんな人間でも、最低限の財・体・心の余裕や上手なバランスを手に入れる必要があるかと思います。

なぜなら、財・体・心の不自由な人は、自分だけでなく、周りの人を不自由にしてしまうからです。

ギャンブル依存でお金がなく、体に悪い生活をし、心も荒れている人は、周りにも悪い影響を与えてしまう可能性が高くなりますよね。
この3つの自由を手にした人は、ほかの人にも同じものを与えることができます。

何が言いたいかというと、自由を手にするために**「まずは自分を救いましょう」**ということです。

他人の役に立とうとするのではなく、自分が自分の役に立ち、余裕を手にすること。つまり、最初に救うべきは「己である」ということです。

自分の財・体・心が整っていないのに、本当の意味で他人を救うことはできません。ですから、密教では、「泳げない人は川で溺れている人を見ても中途半端に助けようとするな」と考えます。

溺れる人が増えるだけですから、まずは可能な範囲で自分を救う。自分は陸に上がり、泳げる人を探すのです。

お金が十分にあって、健やかで、精神的にも余裕を持つ。そうすれば、人の財・体・心を整える手伝いができ、誰かの貧病争を終わらせる支えにもなれるのです。

十分に持っているものを与えよ

持っているものを分け与えることは大事ですが、それは自分に十分にあってはじめてできることです。

ないものを無理して与えようとすると、不自由からのトラブルを生みやすくなります。

分け与えるというのは、「今日は大根の煮つけをつくりすぎて余ったからお隣さんにあげよう」というのと同じ。

時間のある人は、時間を与えよ。
お金のある人は、お金を与えよ。
体力に自信のある人は、その労力を与えよ。
心に余裕がある人は、氣遣いや言葉を与えよ。
知恵のある人は、専門知識やアイデアを与えよ。

顔の広い人は、人を紹介せよ。

あなたが十分に持っているものを人に分け与えて、喜びを生み出せば、自然と流れは生氣となりますが、自分が持っていないものを人に与えようとすると殺氣になるのです。

自分と他人の幸せを等しく願う

密教には、「自他法界同利益《じたほうかいどうりやく》」という言葉があります。

一言でいえば、**自分と他人、その周囲全体がＷｉｎ-Ｗｉｎの世界となるのを目指すこと**です。まさに己を救い、他人を救うという考え方を指しています。

どうしたら「自他法界同利益」となるのか？　密教行者は常にこればかり考えているのです。

また、密教には「五大願《ごだいがん》」というものがありますが、これは密教の中心となる５つの願いです。

衆生《しゅじょう》無《む》辺《へん》誓《せい》願《がん》度《ど》
福《ふく》智《ち》無《む》辺《へん》誓《せい》願《がん》集《しゅう》
法《ほう》門《もん》無《む》辺《へん》誓《せい》願《がん》覚《がく》
如《にょ》来《らい》無《む》辺《へん》誓《せい》願《がん》事《じ》
菩《ぼ》提《だい》無《む》上《じょう》誓《せい》願《がん》證《しょう》

「衆生無辺誓願度」は、生きとし生けるものは限りもありませんが、誓って救われることを願います。

「福智無辺誓願集」は、福と知恵は限りもありませんが、誓って集めることを願います。

「法門無辺誓願覚」は、御仏の教えは限りもありませんが、誓って悟りを達成することを願います。

「如来無辺誓願事」は、御仏の数は限りもありませんが、誓ってそのすべてに仕えることを願います。

「菩提無上誓願證」は、御仏の悟りは無上のものですが、誓って実証体得することを願います。

最後に「自他法界同利益」と唱えていきます。

徹底して、それらを分かち合えるよう祈るのです。

あとは回向文《えこうもん》（廻向文）も必ず唱えます。祈願したエネルギーを世界中に巡らせるために行います。

願以此功徳《がんにしくどく》
普及於一切《ふぎゅうおいっさい》
我等与衆生《がとうよしゅじょう》
皆共成仏道《かいぐじょうぶつどう》
〈願わくはこの功徳《くどく》をもって普《あまね》く一切に及ぼし我らと衆生《しゅじゅう》と皆共《みなとも》に仏道を成《じょう》ぜんことを〉

これを回向文といい、ご祈祷で発生させたエネルギーを、すべてに巡らせます。

密教では徹底的に分かち合い、いい流れを巡らせるという考えがあります。

個になり、個を救えと言いながら、それを分かち合う。独り占めは絶対にしない。

密教の願いの前提は、縁のなき人も含めて、とにかく救われますようにということをいつも祈っているのです。

ですから、あなたも自分ひとりの幸せを考えるだけでなく、自分と周囲の幸せも含めて「ひとつの幸せ」として考えるようにしてみましょう。

自分の信念を自分でつくる方法

――問いを変えると、無意識の答えも変わってくる

自分の信念を自分でつくる方法をお伝えします。

信じていることを変えるには、「今、自分が何を信じているのか」をまず捉えなければなりません。

自分の信念は、多くの場合、親や家系から何らかの影響を受けており、どんな言葉かけをされて育ってきたのかに根源があります。自分に力を与える生氣の信念であればいいのですが、

「早くしなさい！　早くできないと、みんなから嫌われちゃうよ」

「言うことをちゃんと聞きなさい！」

「勝手なことをしないで！」
「あなたはいつもダメね」

など、あなたからいつもやる氣や自信を奪う殺氣の信念であれば、変えていったほうがいいでしょう。

そのためには、**まずは自分の信念の根源である「原体験」を探ること。**原体験を思い出すことで、自分が囚われていた「心のブロック」が外れ始めます。

「いつ、どんな状況で、どんな体験をしたことがきっかけで、この信念を採用することに決めたんだろうか？」

ということを捉え、見つけることです。

「なぜ」から「どうやって」にフォーカスを変える

また凝り固まった視野を広げるのに、習慣的な問いを変えることも効果的です。

僕たちは、常に頭の中に問いを持って、自分に質問しているのです。

「何を着ていこうか？」

「何時に出発しようか？」

「どうしてこうなのだろう？」

など、こういった問いも、無意識の習慣なのです。


このとき、問いをＷＨＹ（なぜ）からＨＯＷ（どうやって）に変えると視点が変わります。


「なんで私はこんな思いばっかりするのだろう」ではなく、「どうすれば私はこういう目にあわなくなるのだろう」という問いに変えてみる。

「なんで私にはお金がないんだろう」ではなく、「どうしたら自分にお金がやってくるんだろう」という問いに変えてみる。

このように意識的にＨＯＷ（どうやって）で問いを立てる練習をしていくことで、常日頃から「なぜ」という原因にフォーカスを当てるのではなく、自分が目指したい「どうやって」という結果にフォーカスを当てて考えることができるようになります。

Chapter-4

身

第4章

行動を整える

「なりたい自分」の身口意で生きる

――宇宙はすべて自分の中にある

「神仏にお願いをしてどうにかしてもらおう」とするばかりではなく、自らが神仏と一体化し、その知恵や力、仏の身口意となって物事を解決しようとするのが密教のスタンスです。

たとえば、ある問題解決をするのに必要な力が「慈悲や優しさ」であれば観音菩薩。

「不動心や燃えるハート」であれば不動明王。

「笑顔や分かち合い」であれば大黒天。

このように様々な神仏と一体化します。

密教ではこの考え方を**「入《にゅう》我《が》我《が》入《にゅう》」**といいます。行者が本尊（仏）の中に入り、本尊が行者の中に入り、一体になるという考え方です。

観音様はあくまで観音様。像は立ったままで、現実には何も手を出せません。その観音様に一方的に助けを求めるのが顕教型。

一方、**密教の場合は、観音様に自分自身が「なろう」と試みます。**歩く観音として慈悲を説こうとする姿勢が密教なのです。生きたまま自分が仏となる、まさに即身成仏です。

不動明王像も、あくまで像であり、動かない。だから、立ち上がってこの身を助けてくれるわけではありません。

そこで「不動明王様、お願いします」とすがるばかりではなく、自分が「我、不動なり。不動、我なり」と言って、自分と不動の境界線をなくそうとする。そして、自分が歩く不動明王として生ける状態で、不動心を体得し、それを分かち合うという考え方をするのです。

もし、不動ならばこの場面で何をし、何を語り、何と思うのか、がまさに不動の身口意を感じとることになります。不動ならば何をするのかというのは、不動明王の「印」に隠されています。不動ならば何を語るかというのは、

「ノウマクサンマンダ　バザラダンカン」

この不動明王のマントラに隠されています。そして、不動ならば何を思うのかというのは、不動明王のお姿に隠されているわけです。

歩く不動明王として物事を行うとしたら、いろいろなシーンでしぐさや立ち振る舞い（身）が変わります。

言葉でいえば、言葉遣い（口）。そして、心遣い（意）が変わってくる。身口意の身は行い・振る舞いであり、口は言葉遣いであり、意は心遣いであるということです。

ですから、1つひとつの多様なご本尊を巡ってマントラを唱えるというのは、「助けてプリーズ」という意味ばかりではなく、「我、もし仏子（仏の子）ならば、こういう知恵と力を授かりますように」と扉を開けることなのです。

密教ではこの身この体に、2つの両界曼荼羅（金剛界曼荼羅《こんごうかいまんだら》と胎蔵界曼荼羅《たいぞうかいまんだら》）がすべて備わっているという前提があり、修行を深めていくこと（印を結び、マントラを唱え、心に仏を描くこと）で、その扉を開けていきます。

これはあなたも同じなのです。

どんな人にも毘沙門天の「勇氣」があり、不動明王の「不動心」があり、観音の「慈悲」があり、弁財天や大黒天の「財福円満」の力があるのです。

それらを、身口意という「パスワード」を使って、自分から引っ張り出して回路を開いていくのです。

思い込みをデザインする

もしあなたが今の自分をダメだと思い込んでいたり、人間関係や人生そのものに息苦しさを感じたりしているとしたら、ただ採用するイメージを間違っただけなのです。であれば、思い込みをデザインしていきましょう。これが「意味自立」であり、新しいイメージとの一体化になります。

先にも述べた通り、**自分で意味や思い込みを決め、つなげ、思い通りにしていく**のです。密教のご祈祷や呪術はまさに、この観念づくりのエネルギーを使います。たと

えば、

「上方に於《お》いて金剛の網を覆う」

という観念文があります。虚空網《こくうもう》といって空に網よけをつくり、悪いものが入ってこないようにする結界を張るときに唱えるものです。

しかし実際には、金剛の網でも何でもなく、ただの指でつくられた印《いん》なのです。

でも、「これで結界が張れている」という前提なのです。

「印をもって右に三転すれば、心の大小に従って、即《すなわ》ち金剛堅固の城となる」

といったご祈祷のフレーズでも、「なる」と言い張っていきます。「AをするとBになる」と。つまり勝手に観念を決めていくだけなのです。

「ほんと？　ならなくない？」

「いや、なるの！」

みたいな話です（笑）。自分がなると決め、ブレず、揺るがず、自分はなったという信念をつくることが大事となります。すると不思議と感覚だけでなく現実も変わっていきます。

「我、毘沙門天なり！」
「いや、お前は毘沙門天じゃない、お前はお前だよ」
「我、毘沙門天なり！」

という体《てい》で物事を進めていくのです。

たとえば、先ほどの「上方に於いて金剛の網を覆う」というのはまず観念（意味）をつくってから、印を用いて網を張る作法を行います。

こんなふうに意味は先につけるのです。

自分がやることには、意味を先に決めて、それに従って生きるのです。そうすることで、意味依存が終わり、主体性に基づく独自の世界観に変わっていきます。

観念とはすべて思い込みです。

でも人は思い込みの中にしか生きられない。だから思い込みでいいのです。

そもそも「この作法をすると結界が張れる」というのも外から見れば、「いや、張れねえよ」という話ですけれど、張れることにしていくのです。

こう聞くと意味のない取り組みのように感じるかもしれませんが、反復して強烈な信念が形成されることで現実になるのです。

実際、色や形が違って見えてくるのを体験できます。そう見えるということは、より信念が強くなり、実際に感じられるようになり、ますます現実に反映されていくのです。

つまり、自分が意識的であれ無意識的であれ、そう見ようとしているから見えて、感じられるようになるのです。

相手からどう見え、どう思われているかは、ここではあまり関係ありません。「自

セルフイメージをデザインする

自分がなりたい神仏やイメージと一体化する

↓

一体化したものの身口意で生きること

分がなる」と決めればそうなるし、「周りの人がそんなことしても意味がない」とか言っても一切無視でいいのです。

セルフイメージをつくるときも同じ。

反復されて、強い信念になると、現実になるのです。

たとえば、「あんたはどうしていつもこうなの」と親から悪い目で見られ、それを採用していたら、それが本当の自分像になってしまうのです。

「あなたはそのままでも十分ステキ。大丈夫よ」という言葉を投げかけられ続けていたら、それが信念になり、現実になり、自分はできる人という世界観になります。

結局、どんな言葉をかけられたか、自分がどんな言葉を無意識に投げかけているかが、世界観をつくり、現実をつくり出していくのです。

他人の身口意をコピーする方法

――身口意のモデリング

「なりたい自分」
「憧れる優秀なビジネスマン」
など、自分を変えて、こんな人になりたいと憧れる対象は、誰にでもいるかと思います。そういうときは、憧れの人の身口意をまるごと自分のものにしてしまうのもひとつの方法です。

やり方はシンプル。

憧れの人の行動パターン（身）、言葉・口癖（口）、前提の考え方や意識の焦点がどういうところに向けられているか（意）という身口意をコピーしていくのです。

どういうところに意識を向けているのかに思いを馳《は》せ、「こんなところに氣を使うんだ」「こんな目立たないところにも氣を使うんだ」というように捉えていくのです。

そして、その特徴をひとつずつコピーしていきます。

見た目だけを真似したり、参考にしたりしようとすると、表面的なものになりがちです。

そうではなく、相手の身口意を捉えることを意識してみてください。身口意というフレームを使うことで、何を読み取るべきかが整理されます。

相手の五感を捉えて一体化する

そしてもうひとつオススメなのは、相手の五感を捉えることです。相手の目には何が見え、耳はどう聞こえ、呼吸はどんな感じで、姿勢はどんな感じで……といった具合にイメージして感じていきます。

それが一体化です。

慣れてくると、「こんなとき、あの人ならこうする」ということがわかるようになります。それがだんだんわかってくれば、モデリングが上達している証拠です。

「たぶんこの次はこの話だな、きた！」といった感じになってきます。

ただ勘違いしてはいけないのは、「コピーしたところで、その人自身にはなれない」ということです。あくまで人は人、我は我。その人を見習い続けるのが目的ではなく、究極の自分を目指すのが密教です。


ここでは、他人や今の自分にはないものをモデリングすることで、今の自分自身に何がやってくるのかを探求し、自分を「何か」に出合わせたら何がやってくるのかを楽しむことです。

未知の体験をしにいかないと、自分の隠れた才能や可能性は隠れたまま終わってしまいます。

たとえば、密教の滝行もそうです。滝行は単なる我慢大会ではなく、滝の中という非日常に自分をぶち込み、自分自身に何がやってくるのかということを捉えるのも目的のひとつ。自分の中に未知のものを取り入れていくと、どんな自分になっていくのかを、ワクワクしたり、ソワソワしながらやってみることです。

どちらを選んでも同じ場所にたどり着く

――「どちらが正解か？」ではなく、選んだものを正解とする

人は行動をするとき、つい自分の選択を「正解・不正解」で考えてしまいます。

人生の岐路に立つという表現があるように「右に行くのがいいか、左に行くのがいいか」と道が二股に分かれていて、どちらが正解なのかに迷うわけです。

答えとしては**「どちらも同じようなところにたどり着くと思え」**です。

迷う選択の場合、「どちらも嬉しい」「どちらも大変で苦しそう」「どちらもわからない」という似たような選択のことがほとんどかと思います。

つまり、どちらを選んでも大差はないということです。そうでなければ迷わず選べますよね。

もちろん現実的には、違う道を進むわけだから、どちらを選ぶかで人生が左右されるかもしれません。

でも悩んで迷って、結果はわからないが決めづらいことを決めた。これは素晴らしい勇氣です。

なので、結果よりも決めることのできたことにまずは敬意を表し、「どちらを選んでもいい」ことにしたり、**「選んだものをよしとする」**のです。

未来は誰にもわからない

本来、物事に正解はありませんが、もし正解があるのであれば、まず何かを選ぶ前に決めるのは「我、後悔せず」と決断すること。

どんな目にあっても、選んだものを正解とするのです。それさえ決められていたら、後悔しないものです。

後悔先に立たずは本当で、周りの人間はみんなあとから言うわけです。

「こっちにしなければよかったのに」と。

そんな意見は聞かなくてＯＫ。結果を知ったあとの自分自身の心がそう思ったとしても、それを受け入れる必要はありません。

未来のことは誰にもわかりません。

決めたときに、その後どうなるかは誰にもわからない。

わかる自分ではなく、わからない自分が選んでいるのですから、「わからないのに選んでいて、えらいね」でいいのです。

ただし、もしまた似たような選択のタイミングがあれば、「前回の結果を踏まえ、よりよい選択を考えていこう」となるのが判断力の高まる学び方になります。

最初は下手であることを理解する

――反復することが、新しい回路を開く鍵

自分が何か新しいことにチャレンジしようと決めたとします。

そのときに大切なことは、最初にうまくいかなくても一切ヘコまない。

失敗しても100％氣にしないでやり続けることです。

挫折することの問題は、失敗することそのものではなく、失敗してそれを氣にしたり、ヘコんだりすることで、諦めてしまうことなのです。

どんな達人でも最初はみな一番下手くそだったのです。それなのに多くの人は、最初からうまくいかないとヘコんだり、挑戦をやめたり、ダメだったと早々に自己判断してしまう。

それは可能性という観点からすると、すごくもったいない。

誰がどう考えても、最初が一番下手で、失敗する可能性が極めて高いのです。うまくいかないのが当たり前。

野球をはじめてやれば、バットにボールは当たらない。

はじめてのゴルフでは、空振りもするし、いいショットなんて打てない（たまたまうまくいくケースもありますが、安定はしません）。

社会人になって仕事を始めたときは右も左もわからないし、知識も経験もスキルもないから、能力を持っていたとしてもほとんど発揮できない状態。

それなのに、はじめてやったことに対して、ヘコんだり、落ち込んだりしてしまうのです。

そもそも、**なんでできると思ったの？**という話です。

最初が下手というのは大事なことなのです。

下手だからこそ失敗する。失敗するから学びがある。学びがあるから、上達するのです。

失敗のケースを集計し、1つひとつ工夫を重ねていけば、必ずうまくなります。

僕が密教を学び始めたときだって同じことです。

たとえば、新しいマントラを教えてもらっても、うまく唱えられない。

たかだかひらがな・カタカナ、誰でも読めるような文字が全然口にできません。文字は読めるけれど、口先への影響力がないからです。

実際、僕がマントラを教えても、「うまく言えないんですよ」とすぐに悩み始める人ばかり。


いやちょっと待て、そこで悩まないで！

なんなら、ヘコむとかやめて〜


といつも言っています（笑）。

ヘコんだり、落ち込んだりすると、人は上達しにくくなるからです。

あらゆる上達は反復がすべて

いちいちヘコまず、何の疑問も持たず、「うまくできない」をただ体験する。それでいいのです。

でもみな、繰り返しや、やり直しを嫌がります。これ自体は仕方のないこと。脳は新しい刺激や生産性を求め、マンネリを嫌う習性があるからです。

手に印を結ぶことひとつとっても、最初はどの指が何指かもわからない。

「はい、薬指出して」

「くす……りゆび……(中指が出る)」

自分の指先や口、体、振る舞い、意識のフォーカスなどに対して、影響力がないのです。

では影響力を持つためにはどうすればいいかというと、反復しかありません。

生まれたとき、僕たちは話せないし、歩けないし、箸を持つなんてことも当然できない。自分の体に対して影響力がない状態です。それを少しずつ少しずつ、発育とともに反復することでできるようになっていきます。

みな、「一瞬でなんとかなる方法」「たった10秒で自分が変わる～」みたいなものを望むのですが、そんな都合のいいものはありません。仮に一瞬でなんとかなる方法があったとしても、それは一瞬で戻ってしまいます。

物事は身口意の習慣による反復によって、少しずつ変わったり、成長したりするものなのです。

コツコツとした反復の積み重ねによって得た結果ではなく、運よくたまたま手に入ったものは、あっという間になくなります。

反復による上達は農作物をつくり育てるようなもの。時間をかけて手間をかけて出来上がった仕組みやそこから生み出されたものは、そう簡単には壊れません。

なので、何であれ自分が望んでいる分野において、できないことをできることに変えるには、失敗しながら反復し続けるしかないのです。やり続けることではじめて、少しずつ新しい回路が開けてきます。

昨日できなかったことが、今日や明日にできるようになる。これはとても嬉しいことですが、一朝一夕で身につけたスキルでは、中長期的に望む成果を手にすることはできないのです。

ですから、繰り返し反復するということを「できるまでの道」として楽しんでみてください。

同じことをやり続け、少しずつ上達することによって、やがて大きな成果を生み出すことになるのです。

新しい習慣を手にするコツ

新しい習慣を手にするコツは、すでに今ある習慣に新しい動作をつけ加えることです。

たとえば、「歯を磨いたあとに、3分間片づけをする」など。洗面所の歯ブラシのそば（目につくところ）に張り紙をし、無意識のときに思い出せる環境をつくっておくとより効果的です。

新しい行動が習慣になる目安は、21日間反復することになります。仮に21日間続いても習慣化しなかったとしたら、ヘコまず、当たり前の習慣になるまで続けましょう。

目的は21日間続けることではなく、習慣を手に入れることなのですから。

たった一人ごまかせないのは自分

――「自分はできる」という肯定感を得たとき、新しい回路が開く

密教でいう火を焚きながらご祈祷を行う「護摩《ごま》祈祷」は、手間と時間がものすごくかかります。もちろん、お作法を覚えるのにも時間がかかりますが、覚えたあとであっても、修行として行う場には、準備に1時間、ご祈祷に2時間半、片づけに1時間程度かかる。これを1日3回繰り返します。

火の中に護摩木《ごまぎ》をくべ、油、お供えの米や漢方薬、胡麻《ごま》つぶを放つため、キレイに整えた護摩壇《ごまだん》も一座のご祈祷が終わる頃にはぐしゃぐしゃ、ベタベタになります。それをまたキレイにして、もう一度最初からやるわけです。それが終われば、またキレイにして、またやる。

一見、すごく辛いように感じますよね。

でも、これが当たり前になると、まったく辛くないのです。ある意味感覚が麻痺するかのように、内なる基準が変わり、強烈な「やり直し力」が身についてくる。

「またやり直しかよ」
「またです、イエス！」というような変な感覚になる。

こういった変な体験からの変な基準が出来上がると、同じことを反復したり、やり直したりすることが辛くなくなり、やり直しや単純作業があまり嫌ではなくなるのです。

マントラを1080回唱えるという修行もあります。これも強烈な反復と単純作業です。これをやっていると、930回目ぐらいで寝落ちして、それで1から数え直す、なんてこともあります。

でも、やるのです。

修行やご祈祷は、別に誰かに「やれ」と言われたわけではありませんし、できて威張れるものでも、生産的なものでもないですが、その内容は大変なもの。そしてそのお作法は、自分しか見ていない。だから、ごまかそうと思えばごまかせる。

でも、たった一人ごまかせないのが「自分」なのです。
よく「お天道様が見ている」「神様は見ている」「仏様は見ている」などと言います
が、そうではなくて見ているのは自分自身なのです。

自分だけが知っている、やり直しの場面において何を選択したかという事実を。

自分に厳しすぎないようにしながらも、「自分がやる」と決めたことを決めた通りに最後までやりきることを増やしていくと、自分の可能性が広がり、楽しくなっていきます。


何でもいいのです。たとえば、「帰ったら必ず靴を揃える」というのでもいい。

習慣にすると決めて、決めた通りにやってみてください。

もしできなければ、単なる見込み違いなので、やると決めることのハードルを下げていく。3日間靴を揃えるのが難しいようならば、「今日だけ靴を揃える」でもOK。

「俺、できるやん」「私、やれんじゃん」という感覚を貯めていきましょう。この感覚の有無が、自己信頼の有無、つまり自信のある人とない人の違いなのです。

自分に隠されていたものをすべて引き出すのが密教のゴール

今生《こんじょう》において、この身、この体に隠れているすべてのものを活かし、自分自身の可能性の頂点に立つのが密教のいう悟りです。

空海が約1200年前に唐の都から密教を持ってきたときに、日本にあった仏教の考え方は、「お釈迦様の教えに従っていれば、生まれ変わり、死に変わりを繰り返し、やがて極楽浄土で幸せになれるぞ」というものでした。

そこで、空海はツッコミを入れたのです。

「なんで死んでから幸せになろうと思っているの？」
「生きてこその人生では？」
「今生では仏になれないの？」

と。

生きていようが死んでいようが関係なく、仏として生きる。つまり、生きたまま仏になろうとする（悟りを生きようとする）のが、密教でいう「即身成仏」です。

密教の示す心模様において、最終的に到達する境地に秘密荘厳心《ひみつしょうごんしん》があります。これは密教で考えられている意識の10の成長段階のうちの第10段階にあたる究極的な悟りのレベルです。

ものすごく簡単にいうと、黄金に光り輝く仏様の像ぐらいの自分になれるという考えです。

自分がそういうふうに観念することです。

目指しているのは聖人君子になることではなく、究極の個性の開花なのです。

僕たちは、何のために生き、何のために死ぬのか。

それは自分自身の可能性を探究し、自分自身を生き切ること。自分の可能性こそが最大の資産であるにもかかわらず、何もトライせず、すぐに諦め、拗ねて、可能性を失わせてしまうのはあまりにもったいなく、愚かなことなのです。

自信を強める方法

――「～されないようにする」ではなく「～されても大丈夫」にする

自分自身の可能性を開花させるには、自分自身が大丈夫であることに確信を持つことが重要です。

この大丈夫とは「悪いことなんて起こらないよ、大丈夫」ではなく、「悪いことも、嫌なこともいっぱいあるだろうけど、自分はその中を歩んでひどい目にあっても、大丈夫」という傷だらけになっても大丈夫という意味です。僕たちには環境適応能力があるからです。

他人の目線ではなく、自分独自の目線での身口意の日々を過ごし、「大丈夫」という確信を強めることで、この世界を生き抜く力が生まれます。

「バカにされないように」ではなく、**「バカにされても大丈夫な自分」**になる。

「怒られないように」ではなく、**「怒られてもどうってことはない自分」**になる。

「嫌われないように」ではなく、**「嫌われても平氣な自分」**になる。

「仲間外れにされないように」ではなく、**「仲間外れにされたところで新たな仲間とつながれる自分」**になる。


これが「大丈夫」の確信を強めるということです。

人には大丈夫になるシステムが備わっている

どれだけ他人を意識しがんばったところで、残念ながら、一部の人からは必ずバカにされるし、怒られるし、嫌われるし、仲間外れにされます。

でも、ひどい目にあっても大丈夫であるようにできるし、必ず切り抜けることができるのです。


人には大丈夫になるシステムが備わっています。

それは、「慣れ」というシステムです。

何十時間もずっと喜びの感情を味わっていられないのと一緒で、人はずっと同じ状況を嘆いていることができません。良くも悪くも慣れてしまうのです。

すごく悲しい体験があったとしても、ずっとそのままの感情ではいられません。失恋でも何でも、受け入れるための時間が長いか、短いか。それだけなのです。感情に飽き、慣れてしまうのが人間なのです。

中には継続的に苦しみの感情が残ることもありますが、時間が経つことで完全ではなくても少しずつ緩和されるものです。

試しに、「人生で最も辛かった過去の出来事」を3つ挙げてみましょう。

その渦中にいるときは、おそらく死んでしまいたくなるほど辛かったこともあったかもしれません。

しかし、あなたが今この本を読んでいるということは、生き抜いてきた証。そして、当時と同じ感覚で今その問題について悩んではいないはず。

つまり、いつかはわかりませんが、どこかのタイミングで「大丈夫」になる日がやってくることに自信を持ち、信じてもいいのです。

自分と向き合う密教式瞑想法

――身口意を一致させ、思考を停止させる練習法

強制的に思考を停止させるアクティブな瞑想

自分と向き合いたい方にオススメなのが密教式の瞑想法です。マインドフルネス瞑想をはじめ、様々なメディアでも瞑想の有効性が伝えられるようになったことで、すでに行っている方もいるかもしれません。

本書でも何度かお伝えしたように、密教行者は手に印を結び、口にマントラを唱え、心に仏様のイメージを描きながら三密修業行います。

実際の修行においては、目的に合わせて様々な印とマントラを使いますが、さすがにそれは難しいので、あくまで簡易版かつ効果のある瞑想法をお伝えします。

まずは深呼吸し、手は合掌か、金剛合掌と呼ばれる指を少しずらす合掌を行います。リラックスして座り、宇宙全体もしくは大日如来《だいにちにょらい》のお姿をイメージしながら、次のマントラをゆっくり21回唱えてみてください。

「オンアビラウンケン　バザラダトバン」

（大日如来のマントラ）

室内で行う場合は仏画や仏像、梵字《ぼんじ》、曼荼羅を前に置いたり、外で行う場合には空を見上げて行ったりするのも効果的です。

これはすごくアクティブな瞑想で、頭の声を強制終了させ、無思考の状態をつくり出すことができます。そして、自然と感謝や豊かなエネルギーに包まれ、慈悲の感覚を感じられるようになります。

続けていると自分の身口意（印を意識し、マントラを唱え、仏を胸にイメージする）を一致させようとしている客観的な自分を感じとれるようになります。

密教式マントラ瞑想法

バン字
（梵字：金剛界大日如来）

・手は合掌か金剛合掌
・深呼吸をする
・宇宙もしくは大日如来のお姿をイメージする
・21回マントラを唱える

「オンアビラウンケン　バザラダトバン」

自分の行動力を高める思考法

——よく考えたほうがいいことと、考えても仕方がないことを理解する

行動する上において、大事なことがあります。

行動には「よく考えてやったほうがいいこと」と「あまり考えないでやったほうがいいこと」があるということです。

先にも述べた通り、考えすぎて行動に移せないということがあります。

「学びとは体験学習である」と言われて、実践をしようと思ったけど、何もやらない。

その理由は何か？

考えないでやったほうがいいことも考えてしまい、行動を足止めしているのです。

怖いことはどうするか？

どうしたら怖くなくなるかを考えても、怖いものは怖いので、怖いまま「エイヤ！」

と進む。つまり、考えないでやる。

悩みごとはどうするか？

スッキリしてから行動するのではなく、モヤモヤのまま、やり方はともかく、行動してみることが大事なのです。

考えすぎるから手に入らない

考えすぎるから手に入らないのです。

まず、迷う、悩むとなった時点で、自分が「ほしい」ことは確定しています。なぜかというと、ほしくないことには悩めないからです。

たとえば、何かモノを買う場合で「いらないんだけど、これどうしたらいいと思う？」と聞く人はいないでしょう。

ほしいものがあり、そこに何らかのリスクや痛みがあるから悩むわけです。

「買いたいんだけど、どうしよう」

「ほしいんだけど、どうしよう」

ほしいけど、お金の問題、時間や時期の問題、周りがどう思うかなど様々な判断要素があるため、悩み考えるわけです。

ですから、考えるとか迷うとか悩むとなった時点でほしいことは確定。それがずっと収まらないなら「もう動け」ということです。

ほしいことが確定しているということは、動くためにやるべきことも明確です。もちろん、失敗のリスクやお金がかかるものは、すぐに動くことはできないかもしれません。でもそういったことがないなら、悩み考えて止まるのではなく、結果はどうあれそれを手に入れる行動をしてみればいいのです。

それこそが、自分の身口意を一致させることになります。

何回か考え直してみても、衝動が収まらないことはトライするほうがいい。

「行けばわかるさ、やればわかるさ」なのです。もちろん法に触れるようなことはダメですよ（笑）。

そのとき自分の心《ハート》の声がそう言ったなら、頭の声はもちろん、人の意見なんか採用しなくていい。むしろ聞いてはいけないのです。

といっても僕の場合は、どう思うかを自分の信頼のおける人に念のため聞きますが、相手の意見はあくまで参考。鵜呑みにして決めることはありません。あえて聞きますが、だいたい次のようになります。

「〇〇しようと思うんですが、どう思います？」

「うーん、やめたら？」

「ありがとうございます！　やっぱりやることにします」

と言ったケースもあります（笑）。でも、これでもいいのです。聞いてもいいけれど、採用する・しないは自分で選ぶ。

考えて動いたほうがいい場合もありますが、考えても仕方のない場合は、まずは考えずに先入観なくやってみる。そう決めておくだけで自分を行動させるのがうまくなるのです。

今と未来だけを見て行動する

――僕らは常に「かもしれない世界」に生きている

多くの人が、映画やドラマのように人生に「明確な区切り」があると捉えているように感じられます。

でもそうではなく、人生はダラダラと続きます。長～い長距離走なので、小さな勝ち負けという基準で物事を考え、一喜一憂していると疲れてしまうものです。

成功がずっと続くわけでもないし、永遠の愛と思っていてもあっさり別れることもある。にもかかわらず、人生を短距離走のように捉えていて、目の前のレースに息を切らし、次のレースに焦り不安を抱えている。

過去、現在、未来のどこを見ておくのがいいかというと、まずは今。次に、未来で

す。

今の快適さを最優先におくこと。そのためにも、明るい未来を描いていく。これをヴィジョンといいます。その際、実現するかどうかはどちらでもかまいません。

つまり、**いい未来を感じながら、今の日常を過ごすことが大切**なのです。

たとえば、1週間後にとても楽しみな食事の予定を入れる。ただそれだけで、当日までの今が楽しみになる、そのような感覚です。

わからない、知らない、できていないから面白い

未来はすべて「かもしれない」でできていて、僕らは常に「かもしれない」の世界に生きているのです。

悲観的な未来も、楽観的な未来もどちらも自由に考えることができます。

しかし、どちらも「まだ存在していないこと」です。

地震が起こるかもしれない。

ミサイルが飛んでくるかもしれない。

失敗するかもしれない。

老後に破産するかもしれない。


そんなことばかり考えて過ごすよりも、明るい未来を描き、それに向かっていくほうが、僕らの可能性は開いていきます。自分をいい方向に動かすこともできる。

ネガティブな予想は、ネガティブな現実になったときはじめて考えればいいのです。

どうせ描くなら、「こうなったら面白そうじゃない」という未来にしてみてください。


遊んでいる小さな子どもたちを見ていると、いつも楽しそうにしています。

大人になっても、それでいいのです。

結局、**人生は遊びであり、ゲーム感覚**でよいのです。

トラブルも含めて、常に苦さや甘さのある長距離走を時に急いだり、歩いたり、立ち止まったりして味わっていく。わからないから面白い、知らないことだから面白い、まだできていないから、できるようになるかもしれないのが楽しいのです。

Chapter-5

人

第5章

人間関係を整える

自分の周りの環境を整える

——無意識は常に環境の影響を受けている

自分自身の身口意を整えるのと同時に、自分以外の周りの環境を整えることも大事になります。

どんな部屋や家に住んでいるか、自分の身の回りを取り巻いている人物がどんな人か。こういった身の回りの環境は、継続して僕たちに影響を与え続けます。

ですから、身口意が整っていても、人的環境や空間的環境が整っていなければ、やはりうまくいきません。

人的環境とは、どういう人と一緒にいるか、その人とどういう関係を築いているか、ビジネスであれば誰とやるかです。

空間的環境は、どんな部屋や家、街に住んでいるか、職場ならどういった職場環境かということです。

空間的環境を整える技術が風水になります。風水について書くとそれだけで一冊の本になってしまいますので、本書では人的環境を整える方法のみお伝えしていきますね。空間的環境に興味のある方は、拙著『感情を整える片づけ』（アチーブメント出版）をご一読ください。

人的環境を整える方法

人的環境も、僕たちに大きな影響を与えることは、予想がつきますよね。

シンプルにいえば、

「誰といるか」

「誰とやるか」

「誰から学ぶか」

です。

まず、人的環境として、僕たちが最も影響を受けているのは自分の親（あなたを育ててくれた人物）です。物心つく前から常に同じ場と時間を共有しています。寝食をともにし、一緒に遊び、日常の習慣や言葉遣いや考え方を学びます。一時的にですが、子どもの世界観は親のコピーだといえます。

もちろん、ある時期から社会に触れ、その人独自の考え方を習得していくため、すべて親と同じにはなりませんが、根幹となる部分に大きな影響を受けています。

そしてもちろん、親だけでなく、学校の先生、友人、上司や職場の人など、いろいろな人と出会う中で、どんな人と関わり、どんな影響を受けたのかで、僕たちの生き方や考え方、身口意は形づくられていきます。

人的環境の悪い例でいえば、パワハラが起こる職場環境が挙げられます。叱責《しっせき》され、罵倒され、人格否定をされたり、長時間労働を強いられたりする環境であれば、人的風水が狂っているといえます。

選択肢としては、

・**そのまま我慢する**
・**自分の受け止め方を変える**
・**本人に「やめて！」と伝える**
・**相談できる窓口にかけ合う**
・**職場を変える**

というものがあります。

人的風水は人事円満を目指し、協力関係が起こるように、できるだけいい影響を得られる環境にするのが基本です。もちろんこの基本がわかっていても、実践するのは難しい。

まずは、現状を捉え、自ら動いていきます。

ここで「辛いときには文句を言わず、我慢して耐えるもの」「上の人には絶対に従うもの」という無意識のルールが形成されていれば、おそらくその人は身動きができなくなり、状況は悪化する一方でしょう。

「嫌だな」と思っているだけでは何も改善しません。そのうち誰かが改善してくれるということもほぼないでしょう。

どれだけ優秀で才能のある人も、環境が悪ければ、力は発揮できません。

なぜなら、**僕たちは良くも悪くも環境に左右されてしまう**からです。

植物も人間も一緒で、いい日当たりと、いい栄養、水分がなければ、育ちようがありません。

スポーツや勉強でも同じ。どれだけ優れた才能や能力があっても、監督やコーチ、チームメイト、先生や友人がどういった人であるか次第で、その人の成長や才能の開花、活躍の度合いは変わってしまうのです。

生き物である以上、ある程度の土壌環境は必要です。

まずは、自分の力を発揮できる環境を探求し、捉え、可能な限り自ら動いていきましょう。

居場所には、人的居場所と空間的居場所がある

――本当に大事なのは人的居場所

居場所には2種類あります。

人的居場所と空間的居場所です。


人的居場所のほうが影響力は大きくなります。

人的居場所とは、いわゆる「人的な心の拠り所」のこと。ともに過ごした時間の長さや信頼度を含め、一緒に過ごした記憶量がどれだけ相手にストックされているのかで決まります。

たとえば、僕の人的居場所は奥さんであり、家族なのです。僕の住まいは千葉県ですが、仮に奥さんが「北海道に引っ越ししなきゃいけない」となったとします。

その場合、千葉と北海道のどちらが僕の居場所かというと、北海道になります。

つまり、奥さんが自分の心の居場所ということです。

人的居場所ができるためには、関わりの頻度と親密さが大事になります。

人事異動や転勤によって職場はある、けれども自分の居場所がないように感じるのは人的居場所のことなのです。

ですから、はじめて出会う人はこれまで関わった接点がないので、どれだけステキな人であっても、すぐに居場所にならないのです。

人は居場所がなくなるのが怖い

たとえば、「引きこもり」というのは、無理やり自立させようとして外に出されたことから起こりやすい現象のひとつです。

出ることが怖いのではなく、出たら居場所がなくなってしまうことが怖いのです。

「いつでも帰っておいで」という場所があって、安全基地が確立されて、何年経っても戻れる場所があったら、人は自立できるし、ある程度自信を持って外に出ていけます。

でも、帰れる場所がないのは怖いのです。成功しなかったらもう2度と帰ってくることができないかもしれない。そんな不安がある。もし、空間的居場所も、人的居場所もなくなるとしたら、それは現在のその場所に固執するでしょう。柱にだってしがみつきます。

でも、「何があっても協力するよ」という人がいたらどうでしょうか。やりたいことを応援してくれて、「ダメだったとしても帰ってきなさい。手伝えることには限りがあるかもしれないけど」と言われていたら？

自立し、外へ向かって行ける氣がしませんか？

結局、人は人的居場所を求めるのです。

人的居場所が先で、空間的居場所が後なのです。人として受け入れられてはじめて、住環境としての場所が大事になります。能力が発揮できるかについても、必ず人的な環境に左右されるのです。

ですから、オフィス環境がどれだけ整っていても、ダメなのは人的居場所がないこと。

オシャレなオフィスで、いい机があったとして、頭ごなしにガミガミ怒鳴り、圧迫や殺氣ばかりを撒き散らす人がいたりすると、人は能力を発揮できないでしょう。

逆に、古めかしい職場であったとしても、平穏に仕事ができ、いい上司や良い同僚に囲まれていれば、持っている力以上のものを発揮できたりもします。

「どこでやるか」よりも、まずは「誰とやるか」が大事なのです。

存在に対して敬意を持つ

——無条件の敬意が人間関係を変える

密教とは万物敬意の世界観です。

職業に貴賤《きせん》がないように、人の存在そのものにも貴賤はありません。

しかし、知らない人、会ったこともない人、苦手な人、嫌なことをしてくる人に敬意を持つのは容易ではないでしょう。

「この人はすごい経歴だから」「尊敬できる面があるから」というのは、条件つきの敬意です。

こういった**条件つきの敬意ではなく、純粋な敬意を持つこと**が大切です。

存在に対する敬意の力

いわば、存在に対する敬意です。

この方にもご両親がいて、ご家族がいて、ご先祖様がいる。この方は僕の知らない誰かにとってとても大切な方である、という「よくわからないまま」で敬意を持つのです。

仕事においても同じで、たとえば意見が対立したとしても、

「自分ならそれを選ばないし、理解もできないけど、あなたがそれを選んでいるということは、何か尊い意味があるのでしょう」

と考えるのが敬意です。

その上で仕事上どんな決断となるのかはまた別の話です。でも、まずは相手の意見に対して敬意を持つ。

「もし相手が自分に敬意を示してくれるなら」と条件をつけることもできますが、そうではない状況においても自分から敬意を持つことができるのです。

すべては物事をどう扱うか

――平等観――「使い方」から「扱い方」へ――

敬意は扱い方にすべてが表れます。密教は万物への扱い方の学問でもあります。

ご本尊のお軸や像はもちろんのこと、ご祈祷を行う仏器やお供え物、着るものや食器、食べ物などを扱うとき、また、お水を汲むときや顔を洗うときにも丁寧なお作法があります。

日常の「財・体・心」で言えば、

財は、お金や自分の財産、持ち物への扱い方。

体は、健康や体に対する扱い方。

心は、自分や人の心の扱い方です。

扱い方が雑だと貧乏になったり、体や心が不調を起こしたりします。

扱い方の根本は、**敬意とねぎらい**です。

たとえば供養とは何か。お墓に何をやっているのかというと、単に慰めているわけではありません。「あなたのおかげで今があります」「私たちに命を受け継いでくださりありがとうございます」という敬意とねぎらいなのです。

お墓はその人が亡くなったからつくるのではなく、生きていたからつくるのです。亡くなった証しではなく、生きていた証し。

たとえ短命であったとしても、存在したことによって、人々に影響を与えている。命はそんな存在なのです。そんなメッセージを伝えるために読経や作法を行うのが供養法。

ですから、存在に対し、ねぎらい、敬意を示すことが供養なのです。

行為に関しては善し悪しがあるかと思います。人を殴ったり、騙したり、嘘をついたりする行為自体はよくないことでしょう。

でも存在に対して善し悪しや、上下優劣はありません。これが平等観なのです。

平たく尊い、等しく尊いという観方《みかた》です。

上下優劣で見ることをやめる

ですから、人に対して、もちろん自分に対しても、上下優劣で評価するのをやめるのです。密教が、神仏と人ですら同等とする考えはそこにあるわけです。

たとえば、雇っている人と雇われている人の関係性であっても、立場上は上下になるとしても、存在的にはフェアなのです。

これは意識的にやらないと難しいものです。

「すべての命の存在価値は平等である」という捉え方ができていないと、必ず上下優劣で見てしまいます。

人は必ず比較をしてしまう生き物だからです。

もちろん、持っているお金が多い少ない、身長が高い低い、走るのが速い遅いといった物質的、定量的なものには上下優劣が生まれます。

でも、存在には上下優劣は本来ないのです。

たとえば、Aさんにとっての親と、Bさんにとっての親のどちらが世の中にとって大切か、どちらのほうが価値を持っているかなんて、測れるものではありません。どちらも、それぞれ大切な自分の親だからです。

それと同じように、誰に対しても、どんな人であったとしても、その人の存在には敬意を払い、上下優劣はないと見ていきましょう。

平等観を養う練習

存在に対しての平等観を養うための方法として、先ほどもお伝えしましたが、相手の先祖や親へと意識を向けるのがオススメです。

「どんな人にもその人を大切に思う先祖がいて、親や家族がいるのだから」

という見方をしてみるのです。

先祖が命を大切につなぎ、今ここにこの人があるのだという見方をすると、どれだけ行為・言動がひどい人だったとしても、少なくとも存在を否定せずに見るくらいはできるようになるのです。

必ず存在に対しては、敬意を持つ。

あなたが、存在に対して、しっかりと敬意を持つことができれば、相手はそれを感じ取ってくれ、相手から敵視はされなくなります。

多くの人は、存在に対して敵意を向けるか、否定をしてしまうのです。いじめや、ネットの炎上とはこれなのです。

いつも人の揚げ足を取り、クレームばかりを言って攻撃している人は、事情も詳しく知らず一方的に決めつけ、吊るし上げようとします。つまり、ことごとく人に対する敬意がないのです。

人間関係だけでなく、物事との向き合い方において、敬意を持つことはすごく重要になります。心の中ででもいいので、対峙するものにいつも礼拝をし、敬意を示すようにしましょう。

人を動かす影響力の持ち方

――影響力とは聞く耳のこと

人的環境を整えるというと、苦手な人とはすぐに縁を切る「断捨離」のようなイメージを持つかもしれません。

そうはいっても組織やチームの中で働いている場合には、そう簡単に人間関係の整理などできないことも多いでしょう。

何もすべての人間関係を断捨離する必要はありません。どうしても付き合わなければいけない人とは、相手との関係を少しでもいい方向に持っていくのが、人的風水の調整法になります。

結局人を動かしたければ、まず自分が先に相手に対して敬意を持つことです。

心からの敬意を持って接してくる人を、人は攻撃できません。

ですから、敬意がなく人を人とも思っていない人は、最終的にその人が攻撃される側になります。

たとえば、「これをなんとかしろ！」と無理難題をふっかけられても、「事情はよーくわかります。確かにそうですよね。ただ、もし大丈夫でしたらもうちょっと期日を延ばしたりできませんか」と、**相手が自分に言ってきたことを受容する一言をまずは入れてみる**。それを続けるだけで違ってきます。

この「〇〇さんが言っていることわかります」という敬意を表した行為（自らが聞く耳を持つ）を行うと、相手は同じように聞く耳を持ってくれやすくなります。

人を動かす影響力のバロメーターは「相手の話を聞く耳を持てるかどうか」なのです。

聞く耳とは文字通り、心の「門」となるのです。

自分の言葉に相手が聞く耳を持ってくれなければ、何を言っても動いてくれないし、どうしようもありません。相手を動かせる人というのは、これまでの関係性の中で相手がすでに聞く耳を持ってくれているからできるのです。

これは僕が昔、幼稚園での仕事をしていたときに氣づいたことです。
子どもたちは先生の話をすぐには聞きません。そこで、先生のする手法があります。

「さあみんな、今日は楽しいことやるよー。何だと思う？」

とまずは大きい声で、その一言を言う。好奇心を伴った肯定的な言葉で関心を集めるのです。もうその時点で、子どもたちは「聞く耳」を持ってくれます。

何かに夢中になっていたり、何か意固地になっていたりするときでも、こういった質問はフォーカスを別の方向に変える力を持ちます。

聞く耳をつくる方法は、相手の関心を理解し、メリットのある提案を投げかけてあげることなのです。

「今日これから伝えることは、もしかしたらあなたにとってすごく簡単で、しかも劇的にあなたの人生の流れを変えるかもしれません。それを提案したいんですけどいいですか？」

と本題に入る前に投げかけるだけで、聞く耳ができますよね。これはプレフレーミングというものです。

たとえば、忙しい人に、「すいません、1分だけお時間いいですか」と一言声をかける。これも聞く耳をつくる技術なのです。

そこには「相手が忙しい」という状況を踏まえるという敬意があるわけです。

「どう思う？」という一言が言えるかどうか

相手に「これどう思う？」と一言声をかけるのも大切です。

もちろん、自分のことだけであれば自分で決められるわけですから、聞かなくてもいいでしょう。でも、家族や仕事で人と関わるときに、相手の意見をまったく聞かないというのは、相手に敬意がないということになります。

自分に決定権があるにしても、念のため周囲の方々に打診したり、「どう思うのか」を聞いてみたりすることは敬意そのものなのです。

「こんなことを考えているのだけど、どう思う？　意見を聞かせてもらえる？」

と聞く。そして、意見を聞いたら「ありがとう」と伝える。

特に仕事であれば、採用されるかどうかは別にして、ヒアリングをしようとすること。

もし採用されないにしても何らかのフィードバックを伝えられる体制ならば、それはすごいことです。

そういった体制があると、一人ひとりがチームの一員として、自らの頭で主体的に考えるようになるからです。

これは、どんな小さなこと、小さなグループの決定でも同じことがいえます。たとえば、

「今度みんなで沖縄に行くことに決まったから、行きましょう、○○さん？」

という場合と、

「今みんなで沖縄に行こうって計画しているんだけど、どうかな？　また決まったら

声をかけるね」

と事前に一言あるのとないのとでは、全然違うのです。

これが敬意。相手に情報を伝え、当事者や仲間として決定する前にその人なりの意見をヒアリングする。「あ、何でもいいよ」「おまかせします」という返事があっても、念のための事前確認をするのです。

一番敬意がないのは「え！　それ聞いてないよ」というような状況へと関係者を置き去りにしてしまうこと。

そうではなく、念のため耳に入れておく。たった一言。それだけで相手の敬意となり、相手の受け取り方も変わってきます。

敬意とは礼儀であり、礼儀とは敬意を表現することなのです。

声かけひとつで人間関係が変わる

人間関係において大事になるのは、相手に「クレ、クレ」と求めるのではなく、自分から先に何かを与えることです。与えるというと難しく感じるかもしれませんが、**まずは自分から話しかけるだけ**でもいい。相手に敬意、関心を向け、与えるのです。


「今日一日どうだった？」

「旅行、どうだった？」

「あの仕事順調？」

「その後、お体の具合はいかがですか？」


そうやって聞いてもらうと、相手は敬意、関心を持ってもらえたと受け取ってくれます。つまり、氣遣いの生氣を与えることにもなります。

「ああ、あれはこうでこうで、そうだったんだ」「よかったね」「残念だったね」という会話をするのです。


会話のない家庭や職場は、人や人の心に関心がないのです。学業や仕事など、生産性や効率、あとは周囲ではなく自分のことしか考えない意識の状態では、お互いがどんな日々を過ごし、何を感じたのかを共有しても意味がないと思っている。でもそん

関心・敬意の力を使う

関心・敬意は生氣のエネルギー。
人は関心を向けられるだけで嬉しくなり、何かを与えられた氣持ちになる

敬意ある関心が人をつなぐ

なことはないのです。

僕たちには、自分の行為や言葉を覚えていてほしいという承認欲求があります。

覚えていてもらえると、人は存在の肯定と受け止め、それ自体が嬉しいのです。「体調が悪かったみたいだけど大丈夫？　その後どう？」と。「見りゃわかるだろって言われるかもしれないから、わざわざ言わなくてもいいかな」と考えるかもしれませんが、違うのです。

言葉や行為にすることが大事。愛や思いやりの表現も同様でしっかりと相手に示す。それだけで大きく違うのです。

人事不和を人事円満へと変えていくには、まず親しみや敬意を込めた関心を相手に示すことが、はじめの一歩。

それは相手に好意（生氣）を示すことになります（ただし、相手が嫌がるような過干渉は殺氣となります）。

口下手だったら、言葉でなくとも、何かお土産でもいいので、ちょっとしたものをあげるのもひとつの手です。

相手の使う言葉を使う

――わかろうとするスタンスが、相手の心を開く

相手にわかる言葉で話すということも大切になります。

これは自分と他人では、世界観と語彙が違うからです。

たとえば、「犬といえば？」の問いからイメージされるものはみんな違いますし、「家をイメージしてください」という答えも描かれるものが異なります。

言葉のやり取りとは世界観の交流なのです。人の言葉は一見同じように見えて、人によって意味、前提、価値、連想されるものが違います。

同じ日本語を話しているのに、一人ひとりで意味やイメージが違うのです。

そこで行うといいのは、その違いを否定することなく、言葉を相手に合わせること。

簡単なのは、相手の使った言葉を使ってあげるという方法です。

相手がコーヒーを「黒くて苦い液体」と言ったら、自分も「そうそう、その黒くて苦い液体がね……」と言ってあげる。これはすごく大事なポイント。

言葉はときにアレルギー反応を起こすのです。言葉が違うだけで、衝突が起こることもあります。箸《はし》を「ハシ↓」と言うのと「ハシ↑」と言う違いさえ、「変なの〜」と否定することで、摩擦が起こったりします。

相手に対してわかって当たり前・わかるべきと考えることは、殺氣のエネルギーになります。

自分の世界観と相手の世界観が違う前提で生きる

そうではなく、「わからなくて当たり前」だと考えることがスタートです。

「相手がよくわからないこと」をわかろうとするスタンスが生氣となり、ようやく相手は心を開き、聞く耳をつくり、伝わるようになっていきます。

人それぞれ育ちも世界観も違うので、相手のことを完全にわかることはできませんが、わかろうとする姿勢でつながることはできるのです。

たとえば、僕が質問をいただいた相手に、

「何でそんな質問をするんですか？」

と否定的に伝えた場合、相手は「答える氣がないのかよ」と思いますよね。

もしよくわからない質問なのであれば「多分こういうような質問ですよね」「ちょっと質問の意図がわからなかったのですが、こういう意味ですか」と確認を取れば、わかろうとしていますよね。

でも自分の意にそぐわない人に対し、こういうことをやってしまう人が少なくない。

これも無意識の習慣、癖なのです。

自分の世界観やルールを正解として、物事を語り、伝えようとしているから起こります。

必要なことは世界観の統一や、誰かの崇高な世界観に従わせたり、従ったりするのではなく、一人ひとりが異なる世界を生きていることを受け入れた上で、調和を保とうとすることです。

循環の法則

——巡り巡る氣の流れ

生氣で人を動かすと、いいことが返ってくる

仏教用語で因果応報《いんがおうほう》という言葉はご存じでしょう。

「善い行いをすれば、それが巡り巡っていいことが返ってくる」

「悪い行いをすれば、それもまた巡り巡って自分に返ってくる」

というような意味で使われます。因果はもともとカルマと関連する言葉で、原因と結果を意味しています。

善因善果《ぜんいんぜんか》：善が原因となり、善という結果を得る

悪因悪果《あくいんあっか》：悪が原因となり、悪という結果を得る
善因楽果《ぜんいんらっか》：善が原因となり、楽という結果を得る
悪因苦果《あくいんくか》：悪が原因となり、苦という結果を得る

ここで大事なのは、エネルギーは巡り巡っているということです。カルマ、縁起という話だけでなく、あなたが生氣を使って人を動かそうとすれば、そのエネルギーが巡り、自分に返ってきます。殺氣で人を動かそうとすれば、それも自分に殺氣が返ってくるのです。

これを「循環の法則」といいます。

あなたの放った殺氣や生氣は、ダイレクトに返ってくることもあれば、巡り巡って間接的にあなたに戻ってくるのです。

ですから、コミュニケーションで大事なのは、殺氣で人を動かすよりも生氣で人を動かすほうが、自分にいいことが返ってくるし、仲間になってくれるのです。

いかに他人に敬意を持ち（生氣を用い）、丁寧なコミュニケーションができるかが鍵になっていきます。

五感刺激をコピーする「観音力《かんのんりき》ワーク」

――関心の力と共感力が高まるワーク

人間関係がうまくいかないのは、共感力と想像力の欠如

人間関係がうまくいかない原因の多くは、共感力と想像力がないことに起因します。

たとえば、学校でも「誰に向かってしゃべっているんですか」というような、聞いていようが聞いていまいが関係なく、一人で話を進める先生がいたのではないでしょうか。

もちろん先生に限らず、相手のことなどお構いなし、相手の話にも氣持ちにもまったく関心を向けていない人は少なくありません。

相手がどう思うか、何を感じるか、何を嬉しいと思い、何を嫌だと思うかがまったくわからない。だから相手に敬意も伝わらず、意図せずとも殺氣の関係へと陥ってしまうのです。

そこでオススメなのは、僕が観音力《かんのんりき》ワークと呼んでいるものです。ざっくりとお伝えすると、その人の感じている観点や音を感じるというもの。これが観音力です。このワークを行うことによって、自らの共感力や想像力を高めることができます。

より具体的にいうと、道を歩くときや人と話しているときに、周りの人の五感刺激を自分にコピーしていくのです。

自分が座っていて、向かいの席に座っている人を見ながら、

- **何が見えているか?（眼）**
- **何を聞いているか?（耳）**
- **どんな呼吸をし、どんな匂いを感じているか（鼻）**
- **口の中の感覚や美味しい・まずいはどうか（舌）**
- **座っている椅子や体の感覚はどうか?（身）**

ということを、イメージの中でコピーし、体で感じていきます。

これを普段からしていると、すごくよくわかってきます。

相手があなたを見ている感覚、パソコンを打っている指先の感覚、あごに手をやった感覚、時計をしている感覚、メガネをかけている感覚……など相手を感じながら話すということをするのです。

要するに受信しながら話す。

すると、Wi-Fiでつながっているかのように、人同士がつながれるようになります。

この観音力は、相手とある意味一体化することで、強制的に相手への関心をつくることができるのです。

常にその状態にするのは難しいかもしれませんが、カフェに一人で入ったとき、会議で人の話を聞いているとき、家族と一緒にいるときなどに、数秒、数十秒でもいいので、少しずつやってみてください。

慣れてくると、誰とでも話しながらできるようになってくるはずです。これも反復することで、少しずつ効果が出てくるようになります。

共感力を高める観音力ワーク

☑何が見えているか
☑何を聞いているか
☑どんな呼吸をし、どんな匂いを感じているか
☑口の中の感覚はどうか?
☑座ったり、立ったり、触ったりしている感覚はどうか

相手の五感刺激を1つひとつコピーしていく。
数秒～数十秒行うだけで、相手への想像力・共感力が高まる

Epilogue

終

終章

人生の流れを変える影響力

清濁《せいだく》併せ呑む覚悟が自分を動かす

――密教は2つでひとつと考える

密教は両方でひとつというのが、考え方の根幹にあります。

金剛界曼荼羅《こんごうかいまんだら》と胎蔵界曼荼羅《たいぞうかいまんだら》の2つの曼荼羅（宇宙を示す絵図）は2つでひとつなのです。

こう言うと、「2つなら2つでしょ」と言われますが、「いや、2つでひとつなんです」と答えます。

陰と陽、光と影、表と裏で1セットのようなもの。

死がなければ生という概念がないように、喜び悲しみ、出会いと別れ、など物事は2つの相反するモノでできているのです。

ですから、いいことだけでなく、悪いことも含め、両方を受け入れ、清濁《せいだく》合わせ呑む覚悟が必要です。清濁併せ呑むことができれば、覚悟が決まり自分を動かせます。

みな、濁を怖がりすぎて「動けない」になっているのです。

世の中はすべて相対で成り立っている

絶対安心なものはないのか？　絶対受かる試験はないのか？　を求めてしまいがちですが、

世の中に絶対はナシ。


世の中は相対で成り立っていますから、常に2つ以上の可能性があります。

あえて言うなら、望む結果に対して低確率か高確率かの予測はできたとしても、絶対は存在しません。


ですから、相反するモノの片方を正とするのではなく、両方を正とし受け入れ備えておくことです。

いくら豊かになって安心していても、やはり不安や恐れもあります。その不安とどう向き合うか？

その心模様は何が原因で、どう向き合えばいいのかがわかれば、不安から抜け出せるでしょう。

健康も同じ。病氣にならないのが健康なのではなくて、病氣になっても快復できる免疫力があること、つまり病氣から元に戻ろうとする力があることこそが健康なのです。

メンタルでいえば、不動心はブレない力ではなく、ブレても戻る力。

経済力とは、経済バランスが一時的に崩れても元に戻る力。

有名な経営者は、何度経営破綻してもまた成功している人がいる。これは大きな失敗も成功も両方とも受け入れる覚悟によるものだったりします。

「未だ知らない楽しいこと」が自分を動かす

――想像もできない可能性こそがあなたの「宝」

ここまでお伝えしてきた通り、自分の無意識こそが願いを叶えてくれる神仏であり、習慣を味方にすることは、内なる神仏を味方にすることになります。自分の身口意を一致させ、無意識をいい方向に導いていくことで、人生は勝手に変わっていきます。

その上で何が大事かというと、**未知の領域を味わい楽しむこと。**それが本当の意味で、自分を動かす最大の鍵になります。

つまりは、**自分の可能性を味わい楽しむ**ということです。

できないことも含めて、自分に降りかかる出来事に、自らどんなクリエイティブな意味をつけるか。苦難やハプニングがあったときに「これは興味深い天の采配だ」「とても刺激的な神仏や先祖からのお試しだ」と思えるかどうか。

思い通りになることばかりに価値を置くのではなく、思い通りにならないことや、なかなか結果が出ないこと、うまくいくかどうかわからないことを「面白がる」という感覚がなければ、自分を楽しめないのです。

だからこそ、未知を体験するということがすごく重要になります。

悩みを解決する答えは、未知の中にしかない

思い悩むことを解決するための答えは、実は未知の中にしかありません。答えを知っていることには悩めないからです。

しかし、多くは既知（すでに知っていること）の中で探してしまいます。

ここでドキドキワクワクしながら、大なり小なり冒険をしてほしいのです。

いつもしたことのあること、行ったことのある場所ばかりにとどまらず、想像もできない未来の可能性を体験しようと試みることをしてみてください。

想像もできない可能性のことを「宝」と呼ぶのです。多くの方は、想像できる範囲

の自分、自分が知っている範囲の自分を、自分だと思っているのですが、それは違うのです。

想像できない状況や環境に身を置けば、どんどん隠れていた才能や素晴らしい個性が花開きます。自分の可能性を諦めることなく探究し確かめていくことが、自分の未来を切り開き、想像もつかない世界にたどり着ける道なのです。

「ほんの少しの勇氣」があなたの人生の流れを変えるのです。

ですから、自分に備わったものをとことん味わいつくしましょう。

人はとても面白いものです。

不完全で、未熟で、愚かさが無限に出てきます。

だからこそ、悩み、考え、またそこで工夫も施すことができるのです。悩み立ち止まるのではなく、それを味わい、楽しむ。そんな不完全な自分を受け入れて、流れを変えようとし、未知の可能性に向けて、自分を動かしてみてください。

そんな一歩一歩の歩みを楽しむためのガイドブックとして本書をお役立ていただけると嬉しく思います。

【著者プロフィール】

種市勝覺（たねいち・しょうがく）

空海密教阿闍梨
密教風水カウンセラー

1977年東京生まれ。大学の卒業と同時期に、風水師・空海密教大行満大阿闍梨である松永修岳氏に出会い、風水の考え方を学ぶとともに、空海密教の修行を行う。滝行・護摩行などの伝授を受け、2009年9月に四度加行(しどけぎょう)を終え、2010年12月には伝法灌頂(でんぽうかんじょう)に入壇。空海密教阿闍梨となる。

現在は「財・体・心の流れを整える」を軸に、風水コンサルタント・密教風水カウンセラーとして活動。「お金・健康・心・時間・人間関係」などの分野で意識の変容をもたらす会員制度『風水 cafe ジンカイト』を主宰し、独自の手法を用いたカウンセリング・コンサルテーション・社員研修・各種セミナー・出張鑑定などを精力的に行っている。

著書に『感情を整える片づけ』（アチーブメント出版）、『ここに気づけば、もうお金には困らない』（サンマーク出版）がある。

https://ameblo.jp/sky-and-sea-corp/

自分を変える「身口意《しんくい》」の法則

2018年10月17日　　初版発行

著　者　種市勝覺
発行者　太田　宏
発行所　フォレスト出版株式会社
〒162-0824 東京都新宿区揚場町2-18　白宝ビル5F
電話　03-5229-5750（営業）
　　　03-5229-5757（編集）
URL　http://www.forestpub.co.jp

印刷・製本　日経印刷株式会社

ISBN978-4-86680-003-5　Printed in Japan

『自分を変える「身口意」の法則』

購入者無料プレゼント

『自分を変える「身口意」の法則』の
著者・種市勝覺の動画を無料でプレゼント

ファイル 1

「無意識」と仲良くなるコツ

ファイル 2

身口意を整える「思い込み」の解き方

無意識を味方につけると、自分の人生をいい流れに変えられるようになります。自分の囚われているものに氣づき、解放し、身口意一致を目指していきましょう。

※動画ファイルはWeb上で公開するものであり、CD・DVDなどをお送りするものではありません。
※上記プレゼントのご提供は予告なく終了となる場合がございます。あらかじめご了承ください。

▼読者プレゼントを入手するにはこちらへアクセスしてください

http://frstp.jp/shinkui